Duick va rester ~~...~~
· Les cinq années
néfaste. On remarq
la guerre
is en 1948 il faudrait
travaux pour pouvoir
as vraiment les moyens de
t finit par se décider à
endre. Je m'élève contre cette
e vais bientôt gagner ma
ateau. Mon père me le vend
. En 1953 je m'engage dans
in 1956 que j'ai assez d'économies
. Mais Pen-Duick qui vient
e vasière n'est plus réparable
~~...~~ J'utilise la vieille
ise une coque neuve en
ck reprend la mer en 1959.
ns ~~Pen-Duick~~ j'arrête de
Il va attendre au sec mais
temps de m'en occuper. Vingt
rentre au chantier Labbé à
le ... et les

Jacqueline Tabarly
Daniel Gilles

Éric Tabarly

Ein Seglerleben

Delius Klasing Verlag

Éric kämpfte für die Gründung einer Gesellschaft, die alle Boote mit Namen *Pen Duick* zusammenfassen sollte. Zu diesem Zweck hat er im Dezember 1997 die Geschichte seiner Boote aufgeschrieben (Vorsatz).

Pen Duick in den 90er Jahren. Unter gerefftem Segel bietet sie dem Auge ihr elegantes Deck und den Rumpf im klaren Wasser (Seite 1).

Mit dem Sextanten stellt Éric Tabarly 1969 auf dem Pazifik an Bord der *Pen Duick IV* seinen Schiffsort fest (Seite 2/3).

Éric 1994, 30 Jahre nach seinem Sieg von Newport, in Seglerbluse an Bord der *Pen Duick II* (links).

Inhalt

Im Mai 1998 in Bénodet zur
100-Jahr-Feier von *Pen Duick*.

Für Éric, meinen Mann, meine große Liebe,

den die Franzosen als einen der Ihren betrachteten…

um den sie geweint haben, wie man einen Angehörigen beweint, als sie von seinem Abschied hörten…

Dieses Album berichtet vom Leben des Mannes, den alle liebten und respektierten: Nie hat er sich selbst als Vorbild gesehen, aber für viele wurde er zum Idol, dem viele wegen seiner Klugheit, seiner Ehrlichkeit und seiner herzlichen Natürlichkeit folgten.

Kein Buch, sondern ein Album mit Fotos und vielen Bildunterschriften, das man zärtlich und gedankenverloren durchblättert, mit einem Lächeln bei diesem und jenem Bild.

Ein Album zur Erinnerung daran, dass der Mann, den wir seit so vielen Jahren zur legendären Person gemacht hatten, ganz einfach Mensch sein wollte.

Jacqueline Tabarly
Beauséjour/Martinique
10. Februar 1999.

707
1536

Pen Duick
Das Boot für ein Leben

1938

Kinderbild von Éric (unten).

Éric und sein Vater auf der *Annie* (links).

Start zum Fastnet Race 1961. Mit ihren alten Baumwollsegeln segelt die *Pen Duick* in Lee der amerikanischen *Cyane*. Da in der darauffolgenden Nacht die Fock zerriss, lief er nach Brixham, wo die Preise des Segelmachers so günstig waren, dass Taberly ein neues Großsegel und eine Fock bestellte. Die im nächsten Frühjahr gelieferten Segel waren für die *Pen Duick* die ersten aus synthetischem Material (vorhergehende Doppelseite).

Im Sommer 1934 nimmt Guy Tabarly seinen Sohn Éric mit an Bord der Familienbootes Annie. *Auf dem vergilbten Foto (linke Seite) entdeckt der dreijährige Éric das Ruder und den angenehmen Druck, den das Wasser auf das Ruderblatt ausübt. 1938 wird die* Annie *von der* Pen Duick *abgelöst, die Éric 1952 erwirbt.*

Nach und nach füllt das Interesse für Meer und Schiffe sein ganzes Leben und wird schließlich zu jener unglaublichen Leidenschaft, die ihn auf alle Ozeane der Welt führt. Die Geschichte der Pen Duick *entspricht haargenau der ihres berühmten Skippers. Abgesehen von einigen Fällen, in denen der Meister dem alten, von Fife entworfenen, schwarzen Kutter untreu wird, bleibt er bis zum Ende seines Lebens an Bord.*

1931

Wie soll man sich die Treue von Tabarly zu seinem alten Zossen erklären? Woher kommt diese Zuneigung? Die eleganten Linien des durch einen kleinen Klüverbaum verlängerten Rumpfes, die schöne Gaffel-Takelung mit dem hoch aufragenden Toppsegel, die körperliche Anstrengung bei den Manövern – es gibt an Bord keine Winschen – spielen zweifellos eine große Rolle bei der anhaltenden Zuneigung Érics.

Die *Annie*, das Familienboot aus den allerersten Jahren, liegt bei Préfailles (Loire-Atlantique) vor Anker, wo der Großvater Tabarly ein Ferienhaus besitzt (links).

Als junger Mann zeichnet Tabarly schon die Umrisse von Schiffen, die bei aller Einfachheit durchaus technische Genauigkeit zeigen. Dieses Blatt mit Schonern und Großseglern hat er sorgfältig aufbewahrt (links unten).

Mit 21 Jahren entscheidet sich Tabarly für die Marinefliegerei. Im Februar 1953 wird er eingezogen und beginnt eine zweimonatige Ausbildung in Hourtin, bevor er zum Stützpunkt Saint-Mandrier bei Toulon ins Auswahlzentrum für angehende Piloten kommt. Er segelt mit Marinekuttern (oben).

1955

Bevor er 1955 nach Indochina geht, fliegt Tabarly in Marokko die »SNJ«, eine Marineversion der berühmten »T6«, eines speziell für die Jagd entwickelten amerikanischen Einsitzers (oben rechts).

Er absolviert auch die Ausbildung für mehrmotorige Maschinen und kann deshalb die »Lancaster« fliegen, ein viermotoriges Flugzeug, das 1250 PS-Leistung je Propeller hat (oben links und darunter).

Éric schätzt dieses leistungsfähige Flugzeug, hinter dessen dicken Fenstern im Cockpit sich Himmel und Erde grenzenlos vor seinem Auge ausbreiten. Seine Erfahrungen als Pilot waren eine wesentliche Grundlage für die Art, wie er später seine Boote einschätzte und führte (rechts).

Éric als Pilot mit angelegtem Fallschirm (linke Seite).

Während der sechs Jahre als Marineflieger bringt Tabarly es auf tausend Flugstunden. In Marokko absolviert er Flugkurse zunächst in der Marineschule von Khouribga, 100 km von Casablanca entfernt, wo er im Dezember 1954 die Pilotenprüfung besteht, dann in Agadir.
1955 stimmt er einem Einsatz in Indochina zu, um mit dem damit verbundenen doppelten Gehalt Geld für die Reparatur der *Pen Duick* beiseite legen zu können, aber auch, um etwas von der Welt zu sehen. Ein Jahr verbringt er auf dem Stützpunkt Tan-Son-Nhut und fliegt bis 1956 »Cessna«.

In Indochina gehört Tabarly der Sektion »Liaisons« an, deren Aufgabe Beobachtung und Erkundung der Absprunggebiete ist. Hier fliegt er eine zur Beobachtung eingesetzte Cessna (oben) und steht vor einer »Morane 500« (Mitte).

Zusammen mit anderen in der Ausbildung befindlichen Piloten und dem Lehroffizier posiert er in Weiß auf dem Stützpunkt Khouribga in Marokko (unten).

Das erste Flugzeug, für das er allein verantwortlich ist, ist eine »Stamp«. Hier unterhält er sich in Khouribga mit einem Kameraden. Das Foto erinnert deutlich an die Postfliegerei. Übrigens hat man die Ausstrahlung Tabarlys mit der von Jean Mermoz verglichen. Beide verkörperten, jeder in seiner Umgebung, Einfachheit, Willenskraft und Wagemut (rechte Seite).

Noch während seines Aufenthalts in Indochina entschließt sich Éric Tabarly, Marineoffizier zu werden. Vor der Aufnahme in die École Navale muss er den Vorbereitungskurs absolvieren. Nach der Zulassung zur schriftlichen Prüfung kommt er wegen des mündlichen Teils nach Frankreich und belegt in Brest den Vorbereitungskurs für Marineoffiziersschüler. Er besteht die Aufnahmeprüfung zur École Navale nicht auf Anhieb und muss sie wiederholen. Zwischenzeitlich setzt man ihn auf dem Stützpunkt Lann-Bihoué ein. Mit 27 Jahren erhält er die Zulassung zur École Navale und trifft dort im Oktober 1958 seine Kameraden wieder.

Empfang für die Offiziersanwärter der École Navale im Pariser Rathaus im Mai 1960. Von links nach rechts: François Montanié, Éric Tabarly, Marc de la Serre, Philippe Delattre, Louis Leconte de Poly, François Lafargue, Raoul d'Hérouville, Bertrand Desgrées du Lou, Yves Lalanne und Bruno de Linage (oben).

Éric geht in die Geschichte der École als einziger Schüler ein, der ein eigenes Boot besitzt. Von 1959 an wird die *Pen Duick* das Maskottchen des Jahrgangs 58.

Mit Vergnügen werden Logarithmentafeln und Mathematikbücher gegen die Nadel des Segelmachers vertauscht: Vor dem Törn am nächsten Tag muss das Segel der *Pen Duick* geflickt werden (links).

Unter den neidischen Augen seiner Kollegen fährt Tabarly auf dem Gelände der École Navale eine Harley-Davidson, die er in einer Werkstatt in Josselin entdeckt hat. An den Wochenenden fährt er damit zwischen Brest und La Trinité hin und her, um auf der *Pen Duick* zu arbeiten (Mitte).

Der Fähnrich zur See mit Pilotenexamen 1956 auf einer Straße in Saigon (unten).

»Wichtig ist, dass man in der Hand Eiche und Bronze spürt...«

»Der junge Éric Tabarly liebt das Boot seines Vaters. Wie sollte denn ein junger Mann sich nicht verlieben in diese hohen Segel und diese feine Linie, die im Wind eine leichte Biegung beschreibt? Genau wie sein Vater. Das ist ganz normal. Lord K. sagte eines Abends vor einem knisternden Feuer, die Hände auf den Rücken gelegt, während am Ufer vor dem wunderschönen Rasen leichte Wellen die Masten der Schiffe in der Flussmündung bewegten: ›Inzest ist nicht weiter schlimm, wenn es in der Familie bleibt.‹ «
Es folgt eine Zeit heftiger Krisen. Der Sohn stellt sich gegen seinen Vater. Auch das ist völlig normal. Der Vater will die *Pen Duick* verkaufen und versucht, zumindest den Preis des Bleikiels zu erzielen. Der Sohn sabotiert hinter dem Rücken des Vaters den Verkauf. Der Vater schlägt seinen Sohn.
Um die *Pen Duick* aus diesen schrecklichen Verstrickungen zu lösen und sie vor Schmutz und Tod zu bewahren, wird Éric zum fahrenden Ritter. Er tritt in die Kriegsmarine ein. Er geht zu den Marinefliegern und in den Fernen Osten, denn mit der Entfernung wächst das Gehalt, und alles was er verdient, soll dazu dienen, die *Pen Duick* zu befreien und wieder zum Leben zu erwecken. Auf dem Herzen trägt er ein Foto seines geliebten Bootes. Der Besitz eines Schiffes bedeutet, dass man es einen Monat im Jahr nutzt und elf Monate davon träumt.
Kann man die modernen Boote aus Kunststoff und Kohlefaser noch lieben, ich meine: leidenschaftlich lieben? Der erneuerte Rumpf der *Pen Duick* ist aus Polyester, die Segel sind aus Tergal. Können im Anblick von Kunstharz und Kunststoff noch Gefühle aufkommen? Ja, wenn man mit ein wenig Verkleidung nachhilft. Verführerische Damen haben oft ein ›lifting‹ hinter sich, sie malen sich Schönheit ins Gesicht und schminken kunstvoll ihre Augen. Das gilt genau so für alte Schiffe. Ein Tropfen Parfüm schadet nie.
Es kommt darauf an, dass alle fünf Sinne, Schmecken, Fühlen Riechen, Sehen und Hören, jeder für sich und alle zusammen, zu ihrem Recht kommen. Wichtig ist, dass man in der Hand Eiche und Bronze spürt, unter den Füßen Pinie und Teak. Wer seine Jugend wiederfindet, ist glücklich, und das kann nur altvertrauter Geruch bewirken. Wichtig ist, dass die *Pen Duick* lebt.«

Jean-François Deniau.
Vorwort zum Buch »*Pen Duick*, Éric Tabarly«
Éditions du Pen Duick, Éditions Ouest-France, 1989.

»Wer aufs Meer will, muss sich gegen Kälte abhärten...«

»Er war 26 Jahre alt, wir 19, er kannte Marokko und Indochina und hatte große Flugzeuge geflogen. Er war der eigenwillige, selbstsichere große Bruder, dem wir blind folgten. Und vor allem besaß er die *Pen Duick*, von der wir jedes Detail kannten, und zwar schon vor jenem ruhmreichen Tag Ostern 1959, als ihre Silhouette zum ersten Mal hinter Pen Ar Vir auftauchte mit diesem großartigen Mann am Ruder...
Er zeigte ganz offen sein Desinteresse für alles, was Schule betraf, vor allem auf wissenschaftlichem Gebiet. Als er eines Tages während der abendlichen Übungsstunde voller Eifer ein Focksegel reparierte, wurde er früher als vorgesehen von einem Kameraden zu einer mündlichen Mathe-Prüfung gerufen. Auf unnachahmliche Weise antwortete er, ohne den Blick von seiner Arbeit zu heben: ›Für die Zensur, die ich kriegen werde, lohnt es sich nicht, aufzustehen!‹
Der Jahrgang erinnert sich noch an lautstarke Hammerschläge, die über das Heizungssystem durch das ganze Gebäude schallten. Éric bereitete das stehende Gut seines Toppmastes vor und benutzte beim Spleißen der Stahldrähte den Heizkörper seiner Unterkunft als Amboss.
Er war gegen Kälte recht unempfindlich und bemühte sich, diese Eigenschaft zu pflegen, was ihm später sicher sehr geholfen hat. Eines Nachts im Februar 1959 schliefen wir im Schlafsaal in Sechser-
reihen in unseren Hängematten. Éric hatte seine nahe am Fenster angehakt, ich zum Laufgang hin. Ich hatte mich in zwei Decken gewickelt, weil der scharfe Nord-Ost-Wind auf die undichten Fenster der Baracke stand. Plötzlich wurde ich durch einen eiskalten Windstoß geweckt, und sah, dass das Fenster weit offenstand. Raus aus der Hängematte – unter der von Éric durch – Fenster zu – wieder rein in die Hängematte. Einige Minuten später ein zweiter Windstoß. Als ich aufspringe, um das Fenster erneut zu schließen, hält mich eine Hand an der Schulter fest, und ich höre seine Stimme: ›Ich habe es geöffnet. Wer aufs Meer will, muss sich gegen Kälte abhärten. Die Gelegenheit ist günstig.‹ Mit nacktem Oberkörper, die Hand im Nacken, lag Éric ruhig und friedlich da...«

Admiral Hubert Foillard
(Jahrgang 58 der École Navale, wie Tabarly)
»Voiles et Voiliers«, August 1998.

Während einer Fahrt auf der Reede von Brest 1959 ist der Toppmast gebrochen (rechts).

Dieses 1959 in England aufgenommene Foto zeigt die Eleganz des schmalen alten Rumpfes und die Größe der Takelage (rechte Seite).

1958

Nach Kriegsende wird die *Pen Duick* noch bis 1948 gesegelt; als aber größere Reparaturen nötig werden, will Guy Tabarly den alten, 1898 in Irland gebauten Kutter verkaufen. 1952 überredet Éric seinen Vater, ihm das Boot für 30 000 Francs zu verkaufen. Acht Jahre lang hat es im Schlick gelegen.
1956 kann Éric mit den Ersparnissen aus der Zeit bei den Marinefliegern umfassende Reparaturarbeiten in Angriff nehmen. Gilles Costantini und er haben die Idee, den alten Rumpf der *Pen Duick* als Form für einen neuen Kunststoffrumpf zu verwenden. Die Arbeiten dauern drei Jahre. Das ist der erste »Volltreffer« von Tabarly: Die *Pen Duick* wird das größte Kunststoffboot ihrer Zeit.

Ostern 1959 wird der schwarze Kutter mit dem weißen Wasserpass in La Trinité wieder zu Wasser gelassen. Hubert Foillard, ein Kamerad vom Jahrgang 58, assistiert Éric auf dem neu verlegten Deck (links).

Der Kunststoffrumpf hat dem Anblick des berühmten Designs von William Fife III. keinen Abbruch getan, dessen Unterwasserschiff weiterhin ungewöhnlich elegant wirkt. In den sechziger Jahren überwintert die *Pen Duick* auf der Costantini-Werft, wo zu jener Zeit eine ganze Reihe schöner Boote gebaut wird (oben).

Im Frühjahr 1958 ist der 15 mm starke, aus sieben Lagen laminierte Kunststoffrumpf fertiggestellt. Mit Schwimmkörpern versehen, wird er im tiefen Wasser umgedreht, nachdem der Arbeitskahn geflutet worden ist. Danach wird die »neue« *Pen Duick* aufgeslippt und an Land gestellt. Die Wiederherstellung dauert noch ein Jahr (rechte Seite).

Auf der Reede von Cherbourg, wohin er 1962 versetzt wird, steht Éric zusammen mit einem Kameraden auf dem Achterdeck des Minensuchers *Castor*.

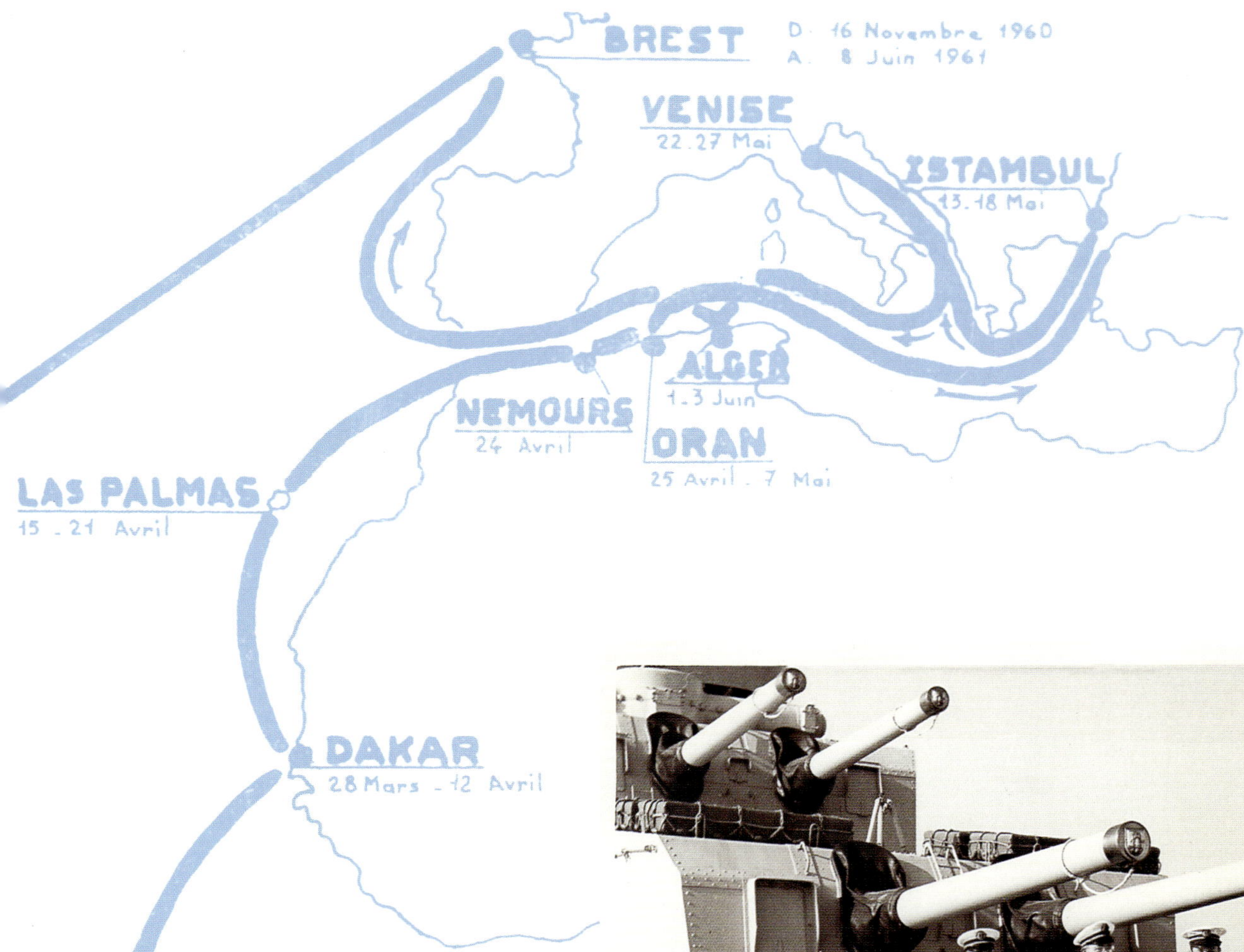

1960 geht der Jahrgang 58 an Bord des Schulschiffes *Jeanne d'Arc*, um die übliche Weltreise anzutreten. Diese Fahrt mit einer Atlantiküberquerung, der Passage durch den Panamakanal und der Rückfahrt durch die Magellan-Straße, die Häfen Nordafrikas und des Mittelmeeres, ist für Éric und seine Kameraden ein unvergessliches Erlebnis (oben).

Der Kreuzer *Jeanne d'Arc* ankert vor den Iles des Saintes in den Kleinen Antillen (links).

Campagne 1960 - 1961

1536
1536

1959

Im September 1959 unternimmt Éric mit der *Pen Duick* den ersten richtigen Seetörn seit 1947: Er segelt an der Südküste Englands entlang von der Isle of Wight bis zu den Scilly-Inseln und über Saint-Malo zurück nach La Trinité. Als er die *Pen Duick* zwischen den englischen Inseln hindurch steuert, strandet er zum ersten Mal. Unfreiwillig muss die Mannschaft einen großen Teil des Tages auf offener See ausharren. Die vielen zurückgelegten Seemeilen und die waghalsige Natur ihres Skippers, der wo immer möglich Gegenströmungen und die Gestalt der Küste ausnutzte, brachten der *Pen Duick* weitere Schicksalsschläge dieser Art (Mitte).

Pen Duick unter einem eigenartigen Spinnaker, der von ihrem Skipper aus einem Haufen Fallschirme, die er aus alten Militärbeständen erworben hatte, zusammengenäht worden war (oben links).

Pen Duick beim Verlassen des Hafens von Le Palais auf der Belle-Ile (oben rechts).

Während heute viele Steganlagen den Hafen von La Trinité versperren, konnte man in den sechziger Jahren im weiten Hafen an Mooringbojen liegen, was die *Pen Duick* und andere nutzten (rechts).

Die *Pen Duick* unter neuen Segeln (linke Seite).

28
101
1536

In den sechziger Jahren konnten gute Mannschaften noch unter Segeln zu ihrem Ankerplatz im Hafen von Le Palais auf der Belle-Ile fahren. Auf jeden Fall besaß die *Pen Duick* keinen Motor (rechts).

1961 und 1962 nimmt die *Pen Duick* an Regatten in England teil. Unter dem Vorwand, der Rumpf sei neu, berücksichtigt die Jury des RORC das Alter des Bootes nicht. So kann sie den Vorteil, der alten Schiffen zugestanden wird, nicht nutzen. Sie wird der Klasse 1 zugeordnet, zusammen mit viel größeren, berühmten Booten wie *Stormvogel, Constellation* oder *Stiarna*. 1962, beim Start der Regatta Cowes – Dinard beobachtet die Mannschaft der *Pen Duick* bei geringem Wind aufmerksam, wie die *Bloodhound,* die Yacht des Herzogs von Edinburgh, der armen, erschrockenen *Aloha* die Vorbeifahrt an Steuerbordseite verweigert (linke Seite).

Éric kennt sein Boot besser als jeder andere aus der Mannschaft. Sein Gleichgewichtssinn, seine Kraft und seine Geschicklichkeit sind die natürlichen Voraussetzungen dafür, dass er an strategisch wichtigen Punkten die Manöver bestimmt. Assistiert von drei Männern seiner Mannschaft ist er dabei, den Außenklüver am Vorstag zu setzen (vorhergehende Doppelseite).

» Ein Seemann, der fest in der Tradition verwurzelt ist. «

»An Tabarly bewunderte ich vor allem sein Gespür für alles, was mit der See zusammenhängt, seine Bindung an die Seefahrt als Teil einer Kultur: Er hat bewiesen, dass man gleichzeitig auf der Höhe des technischen Fortschritts sein und treu an traditionellen Werten, Fähigkeiten und Errungenschaften festhalten kann.

Er war noch sehr jung, als er die außergewöhnliche Bedeutung der *Pen Duick* erkannte, die sein Vater veräußern wollte. Zu jener Zeit waren weder Mode noch Zeitgeist darauf eingestellt, solche Segelboote zu restaurieren. Ich bewundere den Mut, mit dem er es wagte, unter Anwendung einer noch in den Kinderschuhen steckenden Technologie den Rumpf dieser alten, verrotteten Yacht in Kunststoff zu formen, um sie so zu retten. Heute hätte er sie zweifellos ›vorbildgetreu‹ aus Holz nachbauen lassen und sich dabei der Fähigkeiten hochqualifizierter Werften wie Fairlie Restoration bedient, die sich auf die authentische Wiederherstellung der von Fife gebauten Yachten spezialisiert hat. Aber die *Pen Duick* konnte nicht 40 Jahre warten!

Später vertraute Tabarly der Werft Labbé in Saint-Malo die Aufgabe an, die Aufbauten aus Holz nachzubilden: Deck, Inneneinrichtung und die Takelage der ex-*Yum* von 1898. Große Sorgfalt wurde darauf gelegt, dass alles echt und originalgetreu war. Die Arbeiten schritten langsam fort, je nachdem, wieviel Geld zur Verfügung stand. Alles wurde mit viel Geschmack und ohne Kompromisse ausgeführt; so findet man keine moderne Winsch zur Erleichterung der Manöver. Dagegen hat Éric Stück für Stück die alten Aufbauten wieder hergestellt. Es ist bemerkenswert, dass die *Pen Duick* achtern keine Reling hat, wie es der Tradition auf den klassischen Rennyachten entspricht. Tabarly machte keine Konzessionen: Überall, und vor allem im Hinblick auf die Segelei, hasste er den falschen Schein.

Bei der Planung seiner hochmodernen, für Hochsee-Regatten konzipierten Yachten, war er radikal und allen Neuerungen gegenüber aufgeschlossen. Aber in gewisser Weise war er auch in der Tradition verwurzelt. Seine Gabe, ein Boot zu führen und sein hervorragendes seemännisches Talent sind Zeugnisse eines gleichsam angeborenen Gespürs für alles, was das Meer betrifft.

Leidenschaftlich beschäftigte ihn alles, was das maritime Erbe betrifft. Vor allem hat er vorbehaltlos die von ›Chasse-Marée‹ organisierte Bewegung ›Défi Jeunes Marins 2000‹ unterstützt und so dazu beigetragen, dass der im Schwinden begriffene Sinn für die See gefördert wurde.

Für mich verkörpert Tabarly vor allem Treue, Treue zu einer Kindheitserinnerung, zu einer Passion und einer Geschichte. Eine leidenschaftliche Liebe zum Meer und zu Schiffen, vor allem zu Schiffen...«

Bernard Cadoret
Chefredakteur von »Chasse-Marée«
Erschienen in der Sonntagsbeilage der Zeitung »Ouest-France«, 21. Juni 1998.

Seit einem Jahr nährt Tabarly die geheime Hoffnung, am nächsten Einhand-Transatlantik-Rennen 1964 teilzunehmen. Eines Abends im Juni 1962 hat er die Ankündigung in einer nautischen Zeitschrift gelesen. Aber fast wäre sein Wunsch nicht in Erfüllung gegangen, weil die Marine ihn zum Marinestützpunkt Bizerte (Tunesien) versetzen will! Commandant de Kerviler, ein leidenschaftlicher Segler und Chef des Sportwesens in der Marine, verhindert die Versetzung Tabarlys nach Nordafrika. Der Leutnant zur See Tabarly wird im März 1963 nach Lorient kommandiert.

Er erhält sein erstes und einziges Kommando an Bord der 60 m langen *Édic L9092* (oben).

Ein Landungsboot für Infanterie und Panzer, auf dem die Offiziersanwärter der Schule von Coëtquidan ausgebildet werden (rechts).

Von dem Kriegshafen aus kehrt Éric bei der nächstbesten Gelegenheit nach La Trinité zurück, um das Transatlantik-Rennen vorzubereiten. Natürlich kann er dieses Rennen nicht mit der *Pen Duick* bestreiten.
Tabarly legt sie »vorläufig« auf und segelt von April 1963 an mit einem Knickspant-Boot vom Typ »Tarann« der Brüder Costantini. Er kann nicht ahnen, dass sein geliebter Kutter für 20 Jahre verlassen daliegen wird. Erst 1983 entschließt er sich, ihm auf der Werft Labbé in Saint-Malo eine dritte Jugend zu geben.

Éric an Bord der *Pen Duick* bei der Arbeit mit einem Handpeilkompass (linke Seite).

Pen Duick II
Eine Legende wird geboren

1964

2784
14

Der Sieger von Newport (unten).

Die *Pen Duick II*, Siegerin des Einhand-Transatlantik-Rennens (linke Seite).

In den Jahren, die auf den Gewinn der Transat 1964 folgen, wird *Pen Duick II* weiter gesegelt, allerdings mit Mannschaft. Während der »Woche von La Rochelle« steht Éric am Steuer der berühmten Ketsch. Der Mann mit der Mütze ist sein Vater (vorhergehende Doppelseite).

Die Pen Duick II *mit der berühmten Nummer 14, hier beim Start zur Regatta Yarmouth – Lequeito 1964, hat gerade die Einhand-Transat gewonnen. Die schwarze, 13,60 m lange Ketsch ist eine der bekanntesten französischen Segelyachten. An Bord dieses Bootes gibt der Held des Atlantiks dem Publikum seinen Sieg bekannt. Der Sieg Tabarlys vor den Briten ist nicht nur Anstoß für spektakuläre Wettfahrten auf dem Ozean, sondern er löst in der breiten Öffentlichkeit auch eine Massenbewegung hin zum Wassersport aus.*

1964

1964 ist ein grundlegendes Jahr für die »Entdeckung« des Meeres durch die Franzosen. Unter den 15 Konkurrenten, die in Plymouth am Start sind, ist die Pen Duick II *das größte Schiff und das einzige, das mit vorbildlichem Erfindergeist für diese Wettfahrt gegen den Wind entworfen wurde. Mehrfach hat Éric Tabarly im Laufe seines Lebens Yachtbau und -konstruktion grundlegend beeinflußt; er hat neue Konstruktionen entwickelt, mit denen man gewinnen konnte, und er hat das selbst vorgemacht.*

Nach 28 Tagen eines harten Wettkampfs passiert er den Leuchtturm von Brenton Reef vor Newport als Sieger und wird damit zur Legende.

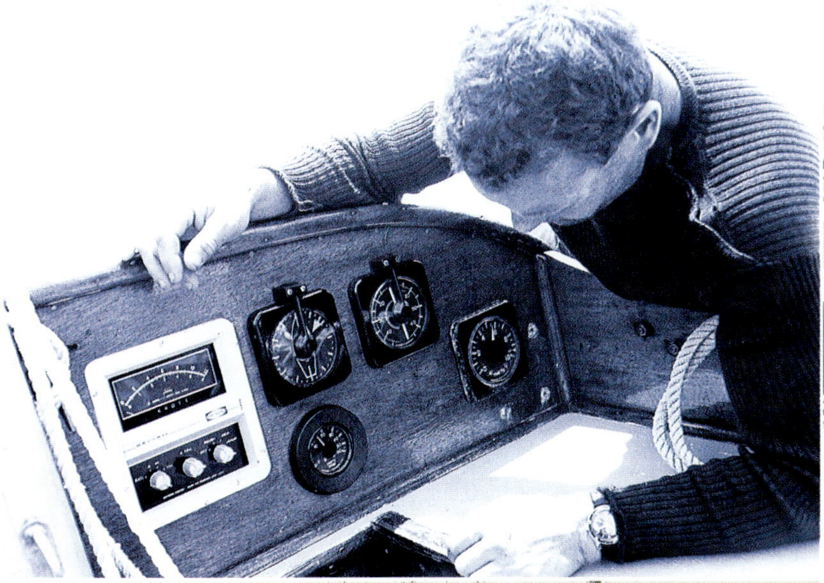

1963: Éric Tabarly und die Brüder Costantini teilen das Interesse für leichte Boote. Die Costantinis konstruieren einen Knickspanter, *Margilic V*, den sie Tabarly für die bevorstehende Transat als Einhandsegler zur Verfügung stellen wollen. Auf dem 8 m langen, marineblauen Boot aus Sperrholz bereitet sich Éric auf den Wettkampf vor. In einem Dock in der Bretagne steht die *Margilic V* auf dem Trockenen (oben).

Tabarly unterhält sich mit Admiral de Kerviler, damals Kapitän zur See (oben rechts).

Letzte Überprüfung der Navigationsinstrumente im Cockpit der *Pen Duick II* (ganz oben links).

Im Laufe seiner Trainingsfahrten wird Tabarly klar, dass er ein größeres und schnelleres Boot als die *Margilic V* segeln könnte. Es wird ein Zweimaster gebaut, der 10 m in der Wasserlinie und 13,60 m über alles misst. Die in den letzten Tagen des Jahres 1963 in La Trinité auf Kiel gelegte *Pen Duick II* wird mit gesetzten Masten am 9. Mai 1964 in Lorient zu Wasser gelassen (rechte Seite).

Rückseite eines Briefes, den Tabarly an den Chefredakteur der Segelzeitschrift »Neptune-Nautisme« geschrieben hat (rechts). Er erklärt sich mit dem exklusiven Abdruck von Artikeln einverstanden und listet seine Materialwünsche auf.

Enseigne de Vaisseau TABARLY
Commandant l'EDIC 9092
LORIENT (Morbihan)

Le 11 Décembre 1963

Monsieur Alain Gliksman
"Neptune - Nautisme"
1 Place du Théatre Français
Paris 1er

Cher Alain,

Suite à notre conversation du 9 Décembre je te confirme mon accord pour faire patronner ma course transatlantique par "Neptune - Nautisme". Je vous donne l'exclusivité de mes articles à la presse nautique après ~~retour~~ la course.

Voici la liste du matériel qui me manque pour l'instant :

Mâture
Haubans et ridoirs
Voilure
Winches
Poulies
Filin tergal
Compas de route et de relèvement
Sondeur enregistreur
Gonio
Loch

14

Am Tag vor dem Start ankern die Regattayachten im Vorhafen von Plymouth. Zu dieser zweiten OSTAR-Regatta starten am 23. Mai 1964 vierzehn Boote (oben links).

Einige Minuten vor dem Start liegt die *Pen Duick II* Seite an Seite mit der *Gipsy Moth III*. Man sieht den schwarzen Rumpf und die unterteilte Segelfläche (ganz unten).

Gleich nach dem Start setzt Tabarly den 82 m² großen Spinnaker der *Pen Duick II*. Damals hielt man es für sehr gewagt, den Spinnaker ohne die Hilfe einer Mannschaft zu setzen (links Mitte).

Start der *Gipsy Moth III* mit ihren eigenartigen kleinen Zusatzsegeln, die als Selbststeueranlage dienten und von Francis Chichester die Bezeichnung »Miranda« erhalten hatten (oben rechts).

Blondie Hasler, genialer Tüftler und Teilnehmer beim ersten Einhand-Transatlantik-Rennen (OSTAR), nimmt in seinem eigenartigen Boot mit Dschunkensegeln auch an der Regatta 1964 teil. Von ihm und seinem Kompagnon Francis Chichester, dem Gewinner der ersten OSTAR-Regatta, stammt das Schlagwort »Ein Mann, ein Schiff und der Atlantische Ozean« (rechte Seite).

Vom Leuchtturm von Nantucket, einige Seemeilen vom Ziel entfernt, startet ein kleines Motorboot und kommt auf Tabarly zu. Die Hände trichterförmig vor den Mund haltend, ruft der Mann am Steven leicht näselnd: »You are the first.« Einige Stunden später, nach Überqueren der Ziellinie beim Leuchtturm Brenton Reef, wird Tabarly nach einer Fahrt von 27 Tagen und 3 Stunden zum Sieger des zweiten Transatlantik-Rennens erklärt (linke Seite).

Auf dem Vorschiff bändigt Tabarly seinen gigantischen Spinnaker (oben).

Der Kartentisch, auf dem er seinen Kurs über den Atlantik festlegt, ist kardanisch aufgehängt, um die Schiffsbewegung auszugleichen. Licht fällt durch eine Plexiglaskuppel ein, die er von einem alten Kampfflugzeug bekommen hat, und der Sitz stammt von einer Harley-Davidson (oben links).

In ihrem Haus in La Chalouère bei Angers verfolgt Mutter Tabarly am Fernseher die Zielankunft ihres Sohnes (oben rechts).

Andächtig verfolgen die Brüder Costantini in ihrem kleinen Büro auf der Werft in La Trinité die Nachrichten von der Ankunft Érics in Newport (unten rechts).

Pen Duick II hat die Ziellinie überquert und segelt in die Narragansett Bay vor Newport. Bei ihrem Einlaufen in den Hafen erhebt sich ein unglaubliches Konzert von Nebelhörnern. Es kommt von den 150 Seglern, die am nächsten Tag zur Bermuda-Regatta starten wollen. Eine schöne Anerkennung von der Elite der amerikanischen Segler! Sobald sie festgemacht ist, wird die *Pen Duick II* gestürmt (oben).

»Ich habe Hunderte von Leuten getroffen, die ich nie vorher gesehen hatte. Manchmal habe ich mich lange mit ihnen unterhalten, ich habe Unbekannten zehn oder zwanzig Mal alles erzählt, was sie über die Wettfahrt, über meine Familie und mein Leben wissen wollten. Der Übergang von der Stille auf dem Meer zu dieser Explosion von Worten war zu krass. Jetzt muss ich zur Besinnung kommen und Bilanz ziehen« beschreibt Tabarly später die ersten Stunden nach seiner Ankunft. Das Lächeln wie auch der Bart sind die eines glücklichen Einhandseglers (linke Seite).

Sie nehmen teil am großen Glück: In Chalouère erlebt die Familie Tabarly die Stunden nach dem Sieg von Newport und empfängt telefonisch die ersten Nachrichten von Éric (Bilder auf dieser Seite).

La Trinité-sur-Mer, 19. Juni: Gilles Costantini ist auf einen Tisch auf dem Helgen gestiegen, auf dem die *Pen Duick II* gebaut wurde. Mit seinen Arbeitern feiert er unter dem Steven der ersten *Pen Duick* den Sieg von Tabarly (rechte Seite).

An Bord der *Pen Duick II* strahlen die Gesichter voller Freude nach diesem historischen Sieg. Éric ist 33 Jahre alt. Die Lektionen, die Guy seinem Sohn an Bord der alten *Pen Duick* erteilt hat, haben Früchte getragen. Die französische Presse begrüßt Tabarly als Helden (folgende Doppelseite).

France-S…
LE SEUL QUOTIDIEN VE…
Mardi 23 juin 1964
Belgique-Luxembourg, 3 francs belges ; Suisse, 0 fr. 30 ; Espagne, 8 pesetas ;

EXCLUSIF : …
…raconte sa…

L'ATLANTI…

Tabarly, Val Howells, à bord de l'« Akka », est attendu à Newport mais pour d'autres concurrents (dont le Français Lacombe) la course n'est pas finie. Eric Tabarly, à la demande de « France-Soir », avait tenu son livre de bord. Grâce à ce carnet, nous avons pu reconstituer exactement les 27 jours de sa traversée en solitaire…

…sur l'Atlantique. Sur notre carte (…) vous pouvez suivre sa progression au jour le jour. Dans ses précédents articles, Eric Tabarly a raconté avec modestie sa lutte contre la malchance, qui paralyse ses mains, les sautes de vent qu'… en zigzag.

…ne veux pas arriver …mme un bateau fantôme

«…ma dernière nuit en mer, je renonce à me coucher… sinon je ne me réveillerais plus»

par Eric TABARLY

…votre enthou…

FRANCE-SOIR — Jeudi 25 Jui…

LE CARNET DE BORD DU VAINQUEUR DE LA COURSE DE VOILIERS PLYMOUTH-NEWP…

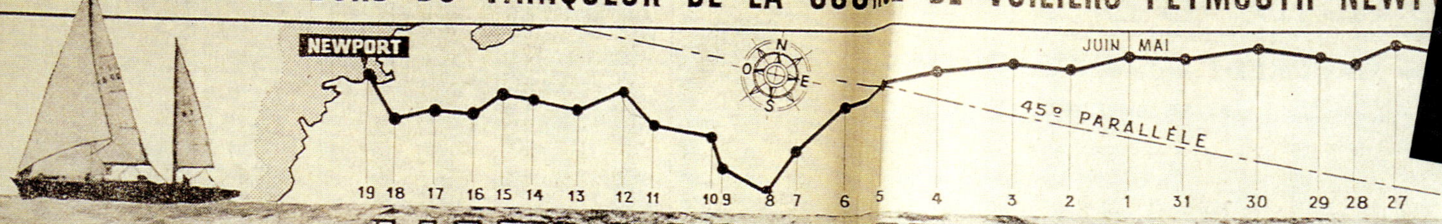

L'ATLANTIQUE EN SOLITAIRE

« C'est un plaisir que d'être battu par …us », a dit l'Anglais Francis Chichester après …n arrivée à Newport, trois jours après …abarly. A 63 ans, Chichester, vainqueur de …preuve en 1960, était le principal adversaire … l'enseigne de vaisseau français.

Eric Tabarly, à la demande de «France-Soir», avait tenu, jour après jour, son livre de bord. Il a non seulement noté les faits saillants de la traversée, les incidents dramatiques ou cocasses survenus au cours de ces 27 jours de navigation solitaire, mais aussi ses impressions. Grâce à son livre, nous avons pu reconstituer exactement son trajet de part et d'autre de l'Atlantique. Sur notre carte (dans le titre ci-dessus), vous pouvez suivre, jour après jour, sa progression au hasard des coups de vent, de la tempête ou des courants.

Dans ses précédents articles, Eric Tabarly a raconté avec modestie sa lutte contre la malchance : son pilote automatique est cassé et il n'a plus de réveil pour régler son temps de sommeil.

(Voir « France-Soir » depuis le 23 juin.)

« En haut du mât, à 13 mètres au-dessus de l'Océan, je tente de rattacher une voile »

Soir
8 E toute dernière courses spectacles
PLUS D'UN MILLION
0f.30
Tabarly
cours
heure
Il a pulvérisé le record
voile, seul à bord, en 27
Eric Tabarly, le visage rongé par une barbe
27 jours. (Radiophoto Newport
TABLE A CARTES
VIVRES
RADIO
RESERVE D'EAU DOUCE
des secrets du navigateur
aire : il boit du vin rouge 12°
(VOIR EN PAGE
MATCH

In Newport sitzen Tabarly und Francis Chichester freundschaftlich beisammen. In der Kabine der *Gipsy Moth III* vergleichen sie ihre Routen (unten).

Der Brite, Sieger von 1960, wird von dem Franzosen um fast drei Tage geschlagen. In sein Bordtagebuch schreibt er: »Die Nachricht [von seinem Sieg] traf mich wie ein Schlag vor den Kopf, aber ich war voller Bewunderung für seine Leistung. Sein Gespür für das Meer, sein Geschick beim Segeln, seine Hartnäckigkeit und sein Durchhaltevermögen machen ihn zu einem gefährlichen Gegner. Es war mir eine große Ehre, gegen einen Mann wie Éric zu segeln und gegen ein Boot wie die *Pen Duick II*«.

An Deck erklärt Chichester, wie seine Windfahnen-Selbststeueranlage funktioniert, deren Segelfläche bei Sturm verkleinert werden kann (oben).

Nach der Wettfahrt segelt Éric noch einige Tage im Rhode Island Sound vor Newport (links).

Auf Einladung der Compagnie Générale Transatlantique kehrt Éric auf der *France* nach Europa zurück. Bevor er die Passage nach Le Havre antritt, dankt er Gott in einer Kirche in New York für den Sieg (oben).

Tabarly ist mit der *Pen Duick II* von Newport nach New York gesegelt, wo das Boot mit Ziel Le Havre an Bord des Frachters *Carbet* verladen werden soll. Diese ungewöhnliche Aufnahme des am Kran hängenden Bootes, dessen Deck auf Augenhöhe ist, zeigt, wie erstaunlich modern die Linien der *Pen Duick II* sind (rechte Seite).

CARBET
LE HAVRE

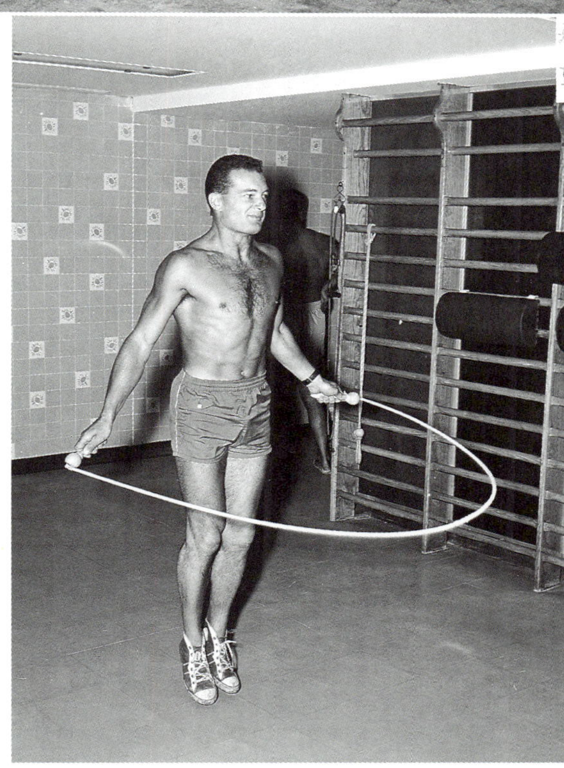

1964

An Bord der *France* posiert Tabarly für die Fotografen und hält auf der Brücke das Steuerrad (linke Seite).

Ihm zu Ehren bereitet der Küchenchef ein großartiges Dessert: Eine *Pen Duick II* aus Zuckerwerk und Schokolade mit seiner Startnummer 14 (oben).

Im Gymnastiksaal des Passagierschiffes hält sich Éric mit Seilspringen in Form (rechts).

Die frühzeitige Rückkehr der *Pen Duick II* nach Frankreich ermöglicht die Teilnahme an den beiden letzten Hochseeregatten der Saison: von Yarmouth in England nach Lequeitio in Spanien und dann zurück nach La Trinité.

Guy, Érics Vater, und sein Bruder Patrick gehören zur Mannschaft (oben).

Guy Tabarly auf der *Pen Duick II* (rechts).

Bei der Rückkehr aus Spanien hat die *Pen Duick II* bei gutem, bis auf Stärke 7 auffrischendem Wind längere Zeit einen guten Vorsprung. Aber nachts verwechselt Tabarly bei schlechtem Wetter die Leuchtfeuer von der Belle-Ile und der Ile d'Yeu und macht einen unnötigen Umweg, der ihn den Sieg in La Trinité kostet. Trotzdem wird seine Ankunft in dem bretonischen Hafen wie ein Triumph gefeiert. Sein Start im Mai war völlig unbeachtet geblieben, jetzt kehrte er nach dem großartigen Sieg in Amerika zurück.

Éric am Kartentisch der *Pen Duick II*, beobachtet durch die Plexiglaskuppel (linke Seite).

2784
2784
2784
2784

Die Mannschaft bei einem Manöver auf der *Pen Duick II* (unten links).

In Newport, dem amerikanischen Zentrum der America's Cup-Segler, kann Tabarly in aller Ruhe die herrlichen Boote ansehen und auf ihnen segeln (unten rechts).

Nach einigen Mannschaftswettkämpfen während der Saison 1964 und Törns in der Bucht von Quiberon stellt sich heraus, dass die für einen Einhandsegler konzipierte Segelfläche der *Pen Duick II* zu klein ist. Während sie bei starkem Wind sehr gute Leistungen bringt, ist sie bei schwachem Wind zu langsam. Daher ändert Tabarly die Takelung, und die Ketsch wird zum Schoner (linke Seite).

›› Éric wird's wissen... ‹‹

»Vor 14 Tagen hatte ich ein Problem mit einem Ausdruck aus der Schifffahrt, und nachdem ich auf der Suche nach einer Lösung zu lauter unbefriedigenden Ergebnissen gekommen war, sagte ich mir: ›Éric wird's wissen‹. Als ich seine Telefonnummer wählen wollte, wurde mir plötzlich klar, dass niemand mehr auf diesen Anruf antworten würde.

Wir sahen uns nicht sehr oft, zwei oder drei Mal im Jahr, und jedes Mal war es so, als hätten wir uns erst am Tag zuvor getrennt. Unzählige Menschen behaupten heute, sie hätten zu seinen Freunden gehört; ich aber kann ganz ruhig sagen, dass ich bezweifle, sein Freund gewesen zu sein. Sicher waren wir freundschaftlich verbunden, das hat er mir so manches Mal bewiesen, aber ich gehörte nicht zum engen Freundeskreis, ich war nicht mit ihm durch dick und dünn gegangen wie Gérard Petipas oder Victor Tonnerre oder Olivier de Kersauson. Vielleicht wäre doch noch eine echte Freundschaft daraus geworden, ich weiß es nicht. Es lag nicht so sehr an ihm, als vielmehr an mir; es war eine Distanz zwischen uns, die ich nicht überbrücken konnte.

Éric liebte den direkten, ganz einfachen Kontakt, er ›hielt sich nicht für Tabarly‹, wie Olivier de Kersauson sagte. Aber mir war immer sehr bewusst, wer er war, welche historische Rolle er gespielt hatte und als unfreiwilliger Nationalheld noch spielte. Wie sollte man nicht beeindruckt sein von dem riesigen Schatten, den dieser körperlich kleine Mann warf?«

Daniel Charles
»Yachting Sud«,
Juli/August 1998.

Der Sieg in der Transat 1964 macht großen Eindruck. Der Einhandsegler wird als Held begrüßt und geehrt.

In Washington verleiht Hervé Alphand, der französische Botschafter in den USA, Tabarly für die außergewöhnliche Tat das Kreuz eines Ritters der Ehrenlegion (oben).

Am 25. November 1964 empfängt Tabarly (im Spenzer) in London aus den Händen des Admirals Lord Mountbatten die Trophäe für das Einhand-Transatlantik-Rennen (links oben).

An Bord der *France* in Le Havre wird Tabarly von Maurice Herzog, Staatssekretär für Jugend und Sport, im Namen der französischen Regierung empfangen (Mitte).

1965 signieren Jean Lacombe und Éric Tabarly die Bücher, in denen sie von ihren Regatten berichten (links unten).

Im Januar 1965 wird Tabarly im Rahmen der Pariser Bootsausstellung in La Défense von General de Gaulle beglückwünscht. Neben ihm stehen Jean Lacombe, der Neunte der Transat, und Alain Maupas, der sich in Regatten vor England der Saison 1964 hervorgetan hat (rechte Seite).

1966 entschließt sich Tabarly, nach Amerika zurückzukehren, um an der großen Hochseeregatta von Newport zu den Bermudas teilzunehmen. Die Atlantiküberquerung segelt er einhand und trifft seine Mannschaft in New York. Um teilnehmen zu können, muss die *Pen Duick II* an die jenseits des Atlantiks geltenden Regeln angepasst werden. Zuerst verändert Tabarly die Takelage, dann verkürzt er das Achterschiff um fast drei Meter. Dieses Endstück lag noch einige Zeit beim Abfallholz auf der Costantini-Werft (unten).

Bei einer Trainingsfahrt vor La Trinité sieht man das besondere Schonersegel der *Pen Duick II*, das an einer kleinen Spreizgaffel zwischen den beiden Masten gesetzt wird. Sie hat noch ihr langes Achterschiff und ist als Schoner getakelt (oben).

Die Mannschaft der Bermuda-Regatta von 1966. Von links nach rechts: Jürgen Rohmer, Michel Vanek, Pierre Lavat, Alain Gliksman, Éric Tabarly und Gérard Petipas (Mitte).

Pen Duick II in britischen Gewässern mit den für die Bermuda-Regatta gefertigten Veränderungen: neue Takelung als Ketsch, mit höherem Besanmast, kurzem Klüverbaum und dem stumpfen Heck (rechte Seite).

Z784

Bei der Bermuda-Regatta kämpft sich die *Pen Duick II* über 635 Seemeilen durch das unbeständige Wetter des Golfstroms mit heftigen Böen und Schauern. Tabarly bändigt ein Schiff, das er bestens kennt. Noch 24 Stunden vor der Ankunft wird er als Sieger gehandelt. Ein plötzliches Umspringen des Windes aber kostet Tabarly und seine Mannschaft den Sieg, so dass sie nur den fünften Platz belegen. Zum ersten Mal hat ein französisches Boot an dieser bedeutenden, klassischen Hochseeregatta teilgenommen (oben).

Das abgeschnittene Heck der *Pen Duick II* wirkte damals gewöhnungsbedürftig (rechts oben).

Während der Bermuda-Regatta macht Gérard Petipas auf *Pen Duick II* mit Tabarly seine ersten Schritte als Navigator. Hier sitzt er am Kartentisch der *Dame d'Iroise*, auf der er im Ärmelkanal Regatten gesegelt hat (rechts Mitte).

Alain Gliksman, damals Chefredakteur von »Neptune-Nautisme«, gehört zur Mannschaft von 1966 (rechts unten).

Entspannung an Deck nach der
Atlantiküberquerung (unten).

Während des Rückwegs im Rahmen der Atlantiküberquerung Bermudas – Kopenhagen hätte das besondere Geschwindigkeitspotential der *Pen Duick II* ab Beaufort 6 voll zur Wirkung kommen müssen. Aber am fünften Tag der Wettfahrt, als die Ketsch unter Vollzeug segelt, an jedem der beiden Masten einen Spinnaker, zeigt das Ruder keine Wirkung mehr. Der Ruderschaft ist plötzlich gebrochen. Die mitten auf dem Atlantik ruderlos treibende Mannschaft baut ein Notruder, indem sie Bretter aus der Kajüte an einen Spinnakerbaum nagelt (linke Seite unten).

Michel Vanek und Philippe Lavat halten mühsam das notdürftig zusammengebastelte Ruder, das bei mehr als 5 Knoten droht, sich selbständig zu machen. Nach fünf Tagen Fahrt bei geringer Geschwindigkeit ohne Sicht im dicken Nebel erreicht *Pen Duick II* die französischen Inseln Saint-Pierre et Miquelon südlich Neufundlands (oben).

1994, dreißig Jahre nach ihrem 1964 errungenen Sieg in der Transat, segelt die *Pen Duick II* wieder. 1966 hatte Tabarly sie an die in Beg Rohu auf der Halbinsel Quiberon ansässige École Nationale de Voile verkauft, wo die berühmte schwarze Ketsch nach kurzer Zeit aber aufgelegt wurde. 1993 beschließt Jacques Thiolat, der Direktor der Schule, die Yacht zu retten und gründet eine Gesellschaft zur Wiederherstellung der *Pen Duick II*. Das Boot wird zur Werft Pichavant in Pont-l'Abbé gebracht und in seiner ursprünglichen Form wieder aufgebaut.

Heute segelt die Ketsch regelmäßig mit Schülern der École Nationale de Voile (oben).

Die Zeremonie aus Anlass des symbolischen Stapellaufes der »neuen« *Pen Duick II* bei der Bootsausstellung 1994 im Beisein von Tabarly und vielen Mitgliedern seiner Mannschaft (rechts).

14
2784

Pen Duick III

Ein seltsamer schwarzer Schoner

1967

Bei der Ankunft nach der Regatta Sydney – Hobart ist das Gesicht Tabarlys gezeichnet von einer Verletzung durch eine Spiere (unten).

Mit 36 Jahren steht Tabarly in der Blüte seiner Jahre. Das Bild zeigt ihn in Australien bei einem Hafenmanöver an Deck mit seinen Mannschaftskameraden (linke Seite).

Nach Beendigung der Regatta San Pedro (Los Angeles) – Tahiti 1970 fliegt der schwarze Schoner auf dem milden Wasser des Pazifiks dahin (vorhergehende Doppelseite).

Mit der dritten Pen Duick *beginnt eine unglaubliche Dekade. Nicht nur, dass Tabarly mit dem schwarzen Schoner die Engländer in ihrem eigenen Revier schlägt, sondern er legt auch in den folgenden acht Jahren bemerkenswerte Serien hin.*

Zwischen 1967, dem Jahr, in dem die Pen Duick III *zu Wasser gelassen wird, um an britischen Regatten teilzunehmen, und 1976, als die* Pen Duick VI *die Transat gewinnt, werden auch die* Pen Duick IV *für die Transatlantik-Wettfahrt und die* Pen Duick V *für die Transpazifik-Regatta gebaut.*

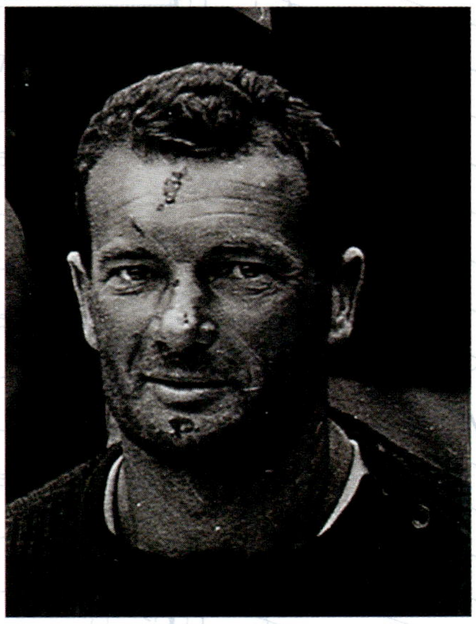

1967

In den siebziger Jahren segelt Tabarly gleichzeitig auf drei Booten und bestreitet Regatten an allen vier Enden der Welt. Die Pen Duick III *räumt im Ärmelkanal ab, trägt den Sieg in der Sydney – Hobart-Regatta davon und sahnt im Südatlantik und im Pazifik ab;* Pen Duick IV *bricht die Atlantik- und Pazifikrekorde, bevor sie an Alain Colas verkauft wird;* Pen Duick V *siegt 1969 im »Solo Transpac Race« von San Francisco nach Tokio mit einem Vorsprung von mehr als zehn Tagen. Die* Pen Duick VI *schließlich wird für die Weltumseglung mit Crew gebaut und gewinnt 1976 die Transat. Es ist die fruchtbarste Zeit für den französischen Segler, der Ideen, Seemeilen und Siege anhäuft.*

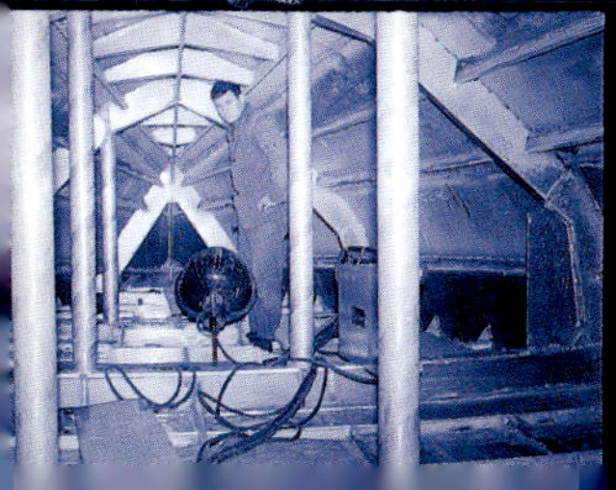

Die *Pen Duick III* ist eine der ersten Hochseeyachten, die gezeichnet wurden, um vor dem Wind zu segeln. Mit ihr gewinnen Tabarly und seine Crew alle englischen Regatten, an denen sie teilnehmen, außerdem die Wettfahrten Gotland runt vor Schweden und Sydney – Hobart. Das Konzept, das der *Pen Duick III* zugrunde liegt, ist für diese Zeit revolutionär. Sie entspricht den Rennwertregeln des RORC genauso wie denen für das Transatlantik-Rennen 1968, an dem Tabarly schließlich doch nicht teilnimmt, weil er beschlossen hat, einen Katamaran zu bauen.
Die dritte *Pen Duick* ist zur Gewichtseinsparung aus Aluminium gebaut. Sie besitzt einen torpedoförmigen, unter dem Kiel befestigten Ballast, einen breiten Rumpf mit runder Kimm und einen ungewöhnlich gezeichneten vorderen Überhang (linke Seite).

Anfang Mai 1967 läuft *Pen Duick III* in Lorient vom Stapel (oben).

Der Entwurf des 17,45 m langen Bootes stammt von Tabarly. Der Rumpf aus Aluminium wird über Kopf auf der Werft La Perrière gebaut (unten).

4279

Eine der Waffen der *Pen Duick III* ist diese überdimensionierte Genua mit hochgeschnittenem Unterliek (oben rechts).

Die *Pen Duick III* bei einer der RORC-Regatten, die sie sämtlich gewann (linke Seite).

Tabarly hat eingesehen, wie wichtig diese Takelung ist, die er an der *Pen Duick II* ausprobiert hat. Das große Vorsegel treibt das Boot voran; es ist aber auch interessant für die Vermessung, denn es wird weder bei der Festlegung des Rennwerts voll veranschlagt noch bei der berechneten Zeit (unten rechts).

Olivier de Kersauson und sieben Crewmitglieder sammeln ihre ersten Borderfahrungen während des Militärdienstes (oben links).

PEN DUICK III
UNC

1967

Die *Pen Duick III* hat ihr kleines, durchgelattetes Schonersegel gesetzt (oben).

Während des Fastnet Race, das sie als Gesamtsieger gewinnt, passiert *Pen Duick III* den Leuchtturm auf dem Fastnet Rock (links).

Das Großsegel ist weggenommen worden, um den Segeln am Schonermast mehr Wind zu geben. Dadurch wirkt das Boot ein bisschen gespenstisch. Trotz der sieggewohnten englischen, amerikanischen und australischen Stars erringt die Yacht während der Saison 1967 sechs schöne, klare Siege im Ärmelkanal, auf der Ostsee, in der Irischen See und auf dem Atlantik (linke Seite).

A 279

Die *Pen Duick III* sammelt weiter Pokale, gewinnt die Meisterschaft 1967 des RORC und wird zum »Besten Boot des Jahres« ernannt. Wie der Zufall so spielt, ändert der RORC für die nächste Saison die Rennwertformel für Schoner. Das macht Tabarly nichts aus: Er verändert die Takelage seiner dritten *Pen Duick*. Sie wird zur Ketsch, die beide Regatten, bei denen sie startet, gewinnt, dann zur Slup mit einem Mast. Aber das Boot kann die Triumphe des ersten Jahres nicht wiederholen.

Oben am Mast sieht man die eigenwillige kleine Spreizgaffel mit dem dazwischen liegenden Schonersegel (oben links und linke Seite).

Auf dem Bugkorb der *Pen Duick III* stehend, versucht Tabarly mit Hilfe seiner Mannschaft den Spinnaker-Achterholer wieder in den Endbeschlag des Spinnakerbaums zu setzen (oben rechts).

Bei 13,5 Tonnen Verdrängung fährt die *Pen Duick III* 320 m² Segelfläche, was für die damalige Zeit sehr viel ist und auf Vorwindkursen außergewöhnliche Geschwindigkeiten ermöglicht (links).

PLAISANCE ET PECH
PEN DUICK III
UNC

An Deck wird ständig etwas repariert, die Instandhaltung der Segel, der verschiedenen Taue und Leinen verlangt ständige Aufmerksamkeit. Unter den Augen der auf dem Kai versammelten Menge bereitet Éric schweigsam die nächste Regatta vor (unten).

Pen Duick III läuft in den alten Hafen von La Rochelle ein. Sie kommt aus Plymouth, wo sie zum fünften Mal in dieser Saison die Ziellinie als Siegerin überquert hat. Wenige Tage später gewinnt sie das letzte Rennen des Jahres 1967, das vor Bénodet gestartet wird (linke Seite).

›› Ein hundertarmiger Vishnou ‹‹

»Die erste Begegnung mit Éric Tabarly war für mich ein Schock. Die lange Reihe seiner Erfolge hatte meine Fantasie beflügelt, und ich stellte ihn mir groß gewachsen vor. Anstatt eines Kerls wie ein Schrank, eines Typs wie John Bull, stand ein kleiner Bursche vor mir. Das hat die Natur gut gemacht. Ich bin überzeugt, dass bei der Hochachtung, die ihm von seinesgleichen entgegengebracht wird, dieser (falsche) Eindruck von Zerbrechlichkeit eine Rolle spielt. Sie ruft einem die Definition Pascals vom Menschen als einem denkenden Schilfrohr in Erinnerung.
Die in den Augen dieses kleinen Mannes gesammelte Energie kann es mit den Gefahren der See aufnehmen. Alle, die mit ihm zusammen gesegelt sind, sagen, er handle, wenn ein Manöver durchgeführt wird, mit der Geschwindigkeit eines ›hundertarmigen Vishnu‹.
Da ich die Bescheidenheit Tabarlys kenne, drücke ich ihm meine Hochachtung aus.
Als er schon ein berühmter Mann war, als das maritime Europa die glänzenden Erfolge feierte, die er auf Anhieb im harten Rennen Sydney – Hobart erzielt hatte, das der Elite der amerikanischen, australischen und neuseeländischen Segelasse vorbehalten zu sein schien, komme ich eines Abends in La Rochelle an. Zufällig höre ich, dass nach einer großen Transozean-Regatta die Ankunft der Boote bevorsteht. Morgens spaziere ich im Hafen herum, und – man glaubt es kaum – da liegt das Boot von Éric Tabarly! Und Tabarly selbst taucht an der frischen Luft auf, streckt fröhlich den Kopf heraus und verschwindet wieder. Er war mitten in der Nacht angekommen, 12 Stunden früher als erwartet. Heimlich, still und leise war er eingelaufen, und anstatt die Medien zu benachrichtigen, hatte er sich eine ruhige Nacht gegönnt, in der niemand Ansprüche – wer auch auch immer – an ihn stellte.
Das Leben gleicht dem an Deck eines Schiffes. Tabarly lehrt durch sein Vorbild, dass Ehrlichkeit und Aufrichtigkeit wichtige Grundlagen für Standfestigkeit sind. Dieser wagemutige Edelmann kann nachgeben. Während er neues Material ausprobierte, kam es vor, dass er im Golf von Morbihan im Watt liegenblieb und dann in aller Ruhe das Auflaufen der Flut abwartete. Oft hat man ihn für einen Bären gehalten, schweigsam wie Marcel Aymé. Obwohl dieser Charakterzug zu einem Seebären passt, trifft er in diesem Fall nicht zu. Bei Gesprächspartnern, deren ruhigen Humor er mag, blüht der kleine Mann auf.«

Henri Queffélec
Vorwort zum Buch »Éric Tabarly« von Daniel Gilles
Éditions du Pen Duick/Éditions Ouest-France, 1990.

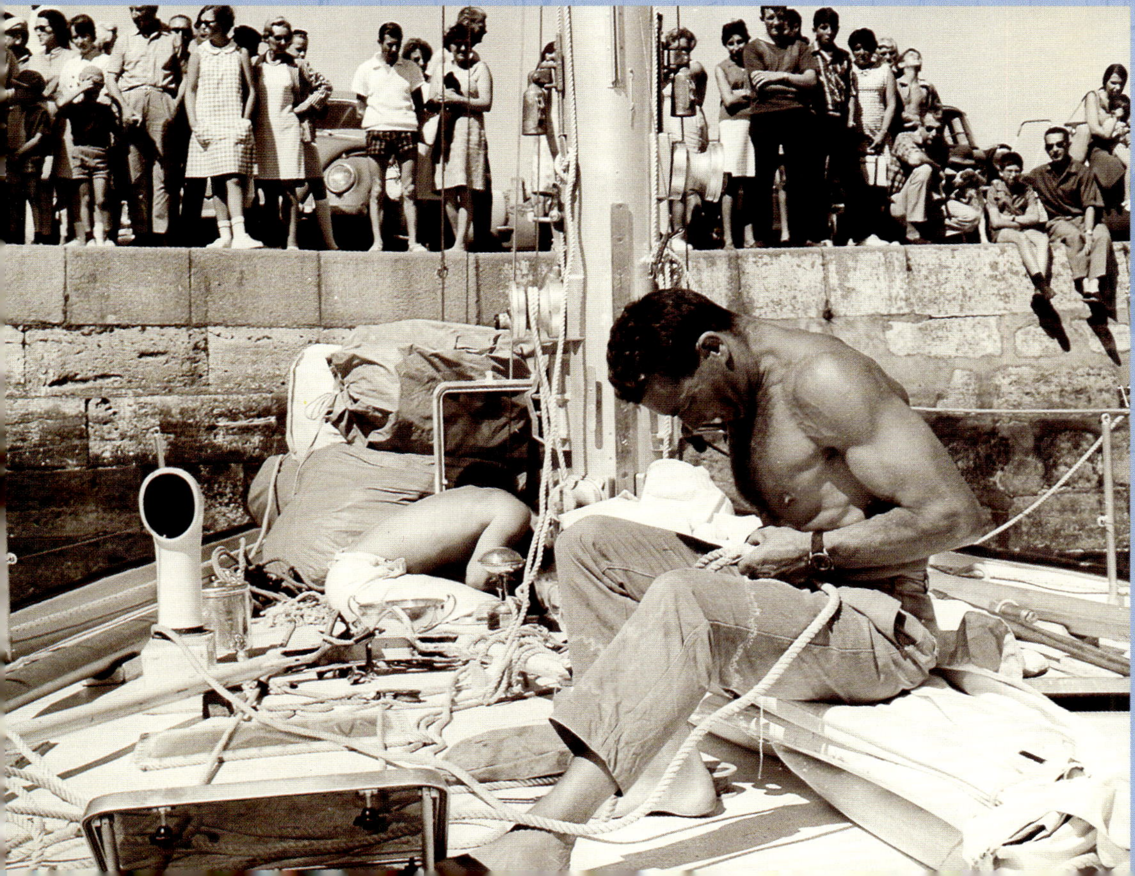

In La Rochelle posiert die Mannschaft der *Pen Duick III* vor den Trophäen, die sie im Laufe der Saison errungen hat (rechts).

In Cherbourg feiert die Crew den Gewinn des Morgan Cups als ersten Sieg der *Pen Duick* in einer Regatta des RORC (oben Mitte).

Untergehakt in den Straßen von La Rochelle oder vor der Kamera in der Dusche des Yachtclubs zeigt die Mannschaft der *Pen Duick III* ihre Freude – die Augen strahlen jugendliche Sorglosigkeit aus – und das Zusammengehörigkeitsgefühl einer Gruppe, die der Sieg zusammengeschweißt und ein hervorragender Skipper mitgerissen hat (rechts oben).

Sieger bei der Rasur! Von links nach rechts: Victor Tonnerre, Gérard Petipas, Pierre English, Éric Tabarly, Patrick Tabarly, Guy Tabarly, Olivier de Kersauson. Im Vordergrund Jean-Pierre Fournier und Philippe Lavat (unten).

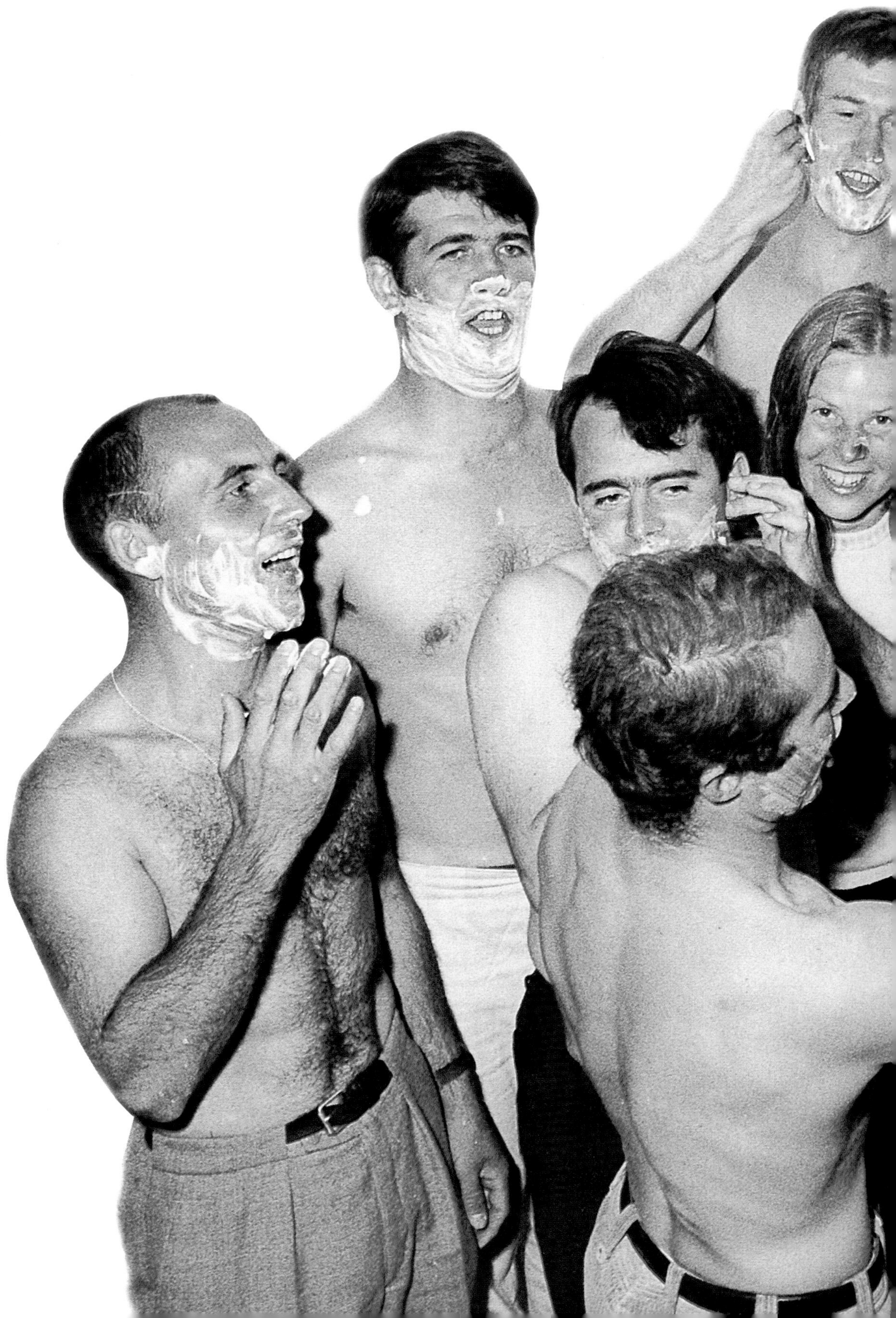

1967

Gestärkt durch die Siege vor England, beschließt Tabarly, am anderen Ende der Welt die Regatta Sydney – Hobart zu bestreiten. Bei ihrem siebten Start siegt wieder der Wishbone-Schoner mit seiner Supercrew vor 56 anderen Teilnehmern. Allerdings war der erste Platz gefährdet durch den Bruch der Spreizgaffel, die repariert werden konnte, und vor allem durch den herabfallenden Spinnakerbaum, der Tabarly am Kopf und im Gesicht verletzte. Die Medizinstudenten Pierre English und Philippe Lavat versorgten die Verletzungen ihres Skippers.

Die an beiden Enden der Welt siegreiche Mannschaft ist mit einem Durchschnitt von 22 Jahren die jüngste der Regatta. Von links nach rechts: Olivier de Kersauson, Pierre English, Patrick Tabarly, Yves Guégan, Guy Tabarly, Gérard Petipas; unten: Philippe Lavat, Éric Tabarly und Michel Vanek (oben).

Die siegreiche *Pen Duick III*, gesteuert von Philippe Lavat, läuft in die Mündung des Flusses Derwent vor Hobart ein (links).

Tabarly hat die Ruderpinne fest in der Hand (ganz links).

Am Tag vor der Ankunft drucken australische Zeitungen diese Luftaufnahme der *Pen Duick III* auf der Titelseite mit folgender Unterschrift: »A stranger heads into the night« (Ein Fremder steuert in die Nacht) (rechte Seite).

Nach der berühmt gewordenen Saison 1967 segelt Éric Tabarly mit der *Pen Duick III* noch Regatten im Pazifik zwischen San Pedro und Tahiti, dann im Südatlantik zwischen Kapstadt und Rio de Janeiro und, als Slup getakelt, im Mittelmeer beim Middle Sea Race (links).

Der Schoner bleibt im Besitz Tabarlys, macht aber unter anderen Skippern eine atemberaubende Karriere. Der 1996 auf See verschollene Marc Linski nutzt sie lange in seiner Segelschule und umsegelt mit ihr Kap Hoorn. Dann übernehmen Benoît Sangnier und Arnaud Dhallenne das Boot für ihre Segelschule. Schließlich bestreitet Philippe Poupon 1978 die »Route du Rhum« an Bord der in *Saint-Malo-Pointe-à-Pitre* umgetauften *Pen Duick III* (rechts oben).

Unter dem Namen *Gauloises II* nimmt Éric Loizeau 1977/78 mit der dritten *Pen Duick* an der Whitbread Round the World-Regatta teil (links).

Mit dem berühmten Boot, nun in *Cacharel* umgetauft, bestreitet Jean-François Coste als Einhandsegler die »Vendée Globe Challenge« von 1989, eine Weltumseglung ohne Zwischenstopp (oben links).

Segelspaß im Cockpit bei achterlichem Wind während des Sydney – Hobart Race. Hinten Michel Vanek und Pierre English; vor ihnen Philippe Lavat, Éric Taberly an der Pinne und Gérard Petipas (vorhergehende Doppelseite).

Pen Duick IV
Pen Duick V

Yachten der Zukunft

1968

2784

Éric, ein Visionär (unten).

Éric als Trapezkünstler auf der *Pen Duick IV* (linke Seite).

Auf seiner Segelreise über den Pazifik beobachtet Éric, fest auf dem Aluminium-Gestänge des Trimarans sitzend, stundenlang das Meer und sein Boot (vorhergehende Doppelseite).

Als Beweis für die Visionen ihres Skippers kann man jeweils den technischen Fortschritt der drei ersten Pen Duick *anführen. Für einen in der Tradition der herkömmlichen Seefahrt erzogenen Ausnahme-Seemann ist diese Begabung ungewöhnlich. Éric besitzt Erfindungsgabe und Durchhaltevermögen, die man für große Projekte braucht. Schließlich erlaubt ihm seine unglaubliche Kraft, alles zu einem guten Ende zu führen. 1968 braucht Tabarly eigentlich nichts mehr zu beweisen. Und trotzdem ist die* Pen Duick IV *zweifellos seine herausragendste Entwicklung. Um den schnellsten ozeantauglichen Trimaran der Welt zu entwerfen, muß man die herkömmlichen Prinzipien des Baus von Einrumpfbooten aufgeben, die den Sieg von 1964 zwar ermöglicht haben, bei denen aber die Geschwindigkeit in ein einschränkendes Rennwert-System gezwängt wurde.*

1968

Tabarly begreift als Erster, dass das Prinzip dieser Boote ohne Ballast, die durch ihre Breite das Gleichgewicht halten, den Yachtbau revolutionieren wird, und dass man damit alle Geschwindigkeitsrekorde brechen kann. Es gibt sie schon lange, aber sie führen ein Aschenputteldasein in der Freizeitsegelei.

1968 beginnt mit der Pen Duick IV *der Triumph der hochseetauglichen Mehrrumpfboote.*

Nach einer Fahrt mit 20 Knoten an Bord des englischen Trimarans *Toria,* der ihn 1966 sehr beeindruckt hat, träumt Éric vor dem Modell eines gigantischen Trimarans. In Gedanken fährt er schon mit einer Geschwindigkeit, die kein Boot mit nur einem Rumpf erreichen kann (linke Seite).

Der Bau der *Pen Duick IV* im Arsenal von Lorient gleicht einem Abenteuer. Noch nie wurde ein ähnliches Schiff entworfen; zu seiner Verwirklichung müssen Fantasie, z.B. die des Architekten André Allègre, und sehr viel moderne Technologie eingesetzt werden.

Das Erscheinungsbild des Trimarans aus Aluminium, den die Journalisten »Riesenkrake« oder – wegen seiner Ausmaße – »schwimmender Tennisplatz« nennen, ist mit seinen zwei dicken, drehbaren Masten und den durchgelatteten Segeln recht gewöhnungsbedürftig. Verglichen mit den heutigen Rennmaschinen, wirkt er wie ein Dinosaurier (unten).

Aber die in der Tradition verwurzelte Welt des Segelsports, die ihn 1968 beim Stapellauf im Dock in Lorient sieht, ist von der neuzeitlichen Segelmaschine beeindruckt (oben links und rechts).

Pen Duick IV liegt zur Reparatur im Trockendock (Mitte).

Mit ihren 20 m Länge und 10 m Breite läuft sie fast 10 Knoten, vor dem Wind noch sehr viel mehr. Aber bis zur endgültigen Fertigstellung muss eine solche Rennyacht, bei deren Bau so viele neue Ideen gleichzeitig verwirklicht werden, zahllose Probefahrten absolvieren. Tabarly ist klar, dass der Riesen-Trimaran ungenügend vorbereitet ist. Der Zusammenstoß mit einem vor Anker liegenden Handelsschiff in den allerersten Tagen der Regatta veranlasst ihn zur Rückkehr nach Plymouth, und etwas später zwingt ihn der Ausfall der automatischen Steuerung bei höheren Geschwindigkeiten zur Aufgabe. In den darauffolgenden Jahren beweist die Sammlung von Rekorden durch die *Pen Duick IV*, dass ihr Konstrukteur den richtigen Weg eingeschlagen hat. Und vier Jahre später, 1972, gewinnt Alain Colas mit der *Pen Duick IV* die OSTAR.

Der Start von *Pen Duick IV* zum Einhand-Transatlantik-Rennen 1968 gerät zum Ereignis (rechts).

Étoile und *Belle Poule*, die beiden Schoner der École Navale, eskortieren Tabarly nach Plymouth (links).

Die *Raph* von Alain Gliksman Seite an Seite mit *Pen Duick IV* beim Start zum OSTAR in England (unten rechts).

Im November 1968, vier Monate nach der Aufgabe bei der Transat, verlässt die *Pen Duick IV* La Trinité in Richtung Martinique. Das Boot wurde gründlich überprüft, die drehbaren Masten durch eine klassische Takelung ersetzt. Die Atlantiküberquerung wird für Éric und seine beiden Begleiter, Olivier de Kersauson und Alain Colas, zum großartigen Segelerlebnis. Éric will beweisen, wie gut das Boot ist und es dann in den USA verkaufen.

Pen Duick IV segelt von den Kanarischen Inseln zu den Kleinen Antillen. Nach einem Stopp auf Teneriffa bewältigt sie die Überquerung in 10 Tagen und 11 Stunden, bei einer Durchschnittsgeschwindigkeit von 11 Knoten (oben und linke Seite).

Ende 1968 hat sich die Konzeption der *Pen Duick V* durchgesetzt, sie ist »in«. Tabarly lässt seine beiden Mannschaftskameraden Kersauson und Colas an Bord des Trimarans in der Karibik zurück, um in Frankreich das Projekt der fünften *Pen Duick* voranzubringen. Dann kehrt er zurück. Sie haben die Absicht, durch den Panamakanal nach San Francisco zu fahren, wo die *Pen Duick V* Ende Februar 1969 auf einem Frachtschiff eintrifft. Karibisches Meer, Panamakanal, die Reise vor der amerikanischen Westküste hinauf nach Norden – der Trimaran legt bei der Fahrt nach Norden 3500 Seemeilen zurück (oben).

Alain Colas und Éric Tabarly beim Frühstück im Cockpit der *Pen Duick IV* (oben rechts).

odK

Coll. B

Im März/April 1969 bestreitet die *Pen Duick V* das Solo Transpac Race San Francisco – Tokio, das Tabarly mit mehr als 10 Tagen Vorsprung gewinnt. Während ein Frachtschiff das Boot nach Frankreich zurückbringt, stößt Tabarly in San Francisco wieder zu Olivier de Kersauson und Alain Colas, die ihn zusammen mit Jean-Michel Carpentier auf der *Pen Duick IV* erwarten.
Nachdem sie den Rekord der Atlantiküberquerung gebrochen hat, macht sich *Pen Duick IV* auf zur Transpazifik-Regatta San Pedro (Los Angeles) – Honolulu. Sensationell schlägt sie um 20 Stunden die große *Windward Passage*, die einem superreichen Amerikaner gehört. Der erwägt, *Pen Duick IV* zu kaufen, nimmt aber beim Anblick der einfachen Einrichtung Abstand von seinem Plan.

Mit Bernard Moitessier auf Tahiti (rechts).

Mit dem großen Aluminium-Trimaran fahren Tabarly und seine Mannschaft durch die pazifische Inselwelt (oben, links und linke Seite).

Éric und Alain Colas an Bord einer auf Tahiti beheimateten Fahrtenyacht (unten links).

Pen Duick IV kreuzt weiter im Pazifik, fährt durch Lagunen, ankert auf türkisblauem Wasser unberührter Buchten. Auf der Rückfahrt nach Frankreich, als der Trimaran im Herbst 1969 einen Zwischenstopp in Nouméa einlegt, verkauft Tabarly die *Pen Duick IV* an Alain Colas. Finanzielle Erwägungen, wie unerwartet hohe Steuern, zwingen Éric, ein Boot zu opfern. Alain Colas schlägt ihm vor, den Trimaran, den er gut kennt, zu erwerben. Éric behält lieber die vielseitigere *Pen Duick III*.

Colas hält Mittagsruhe »in den Armen« des großen Trimarans (oben links).

Tabarly isst für sein Leben gern Spaghetti (unten links).

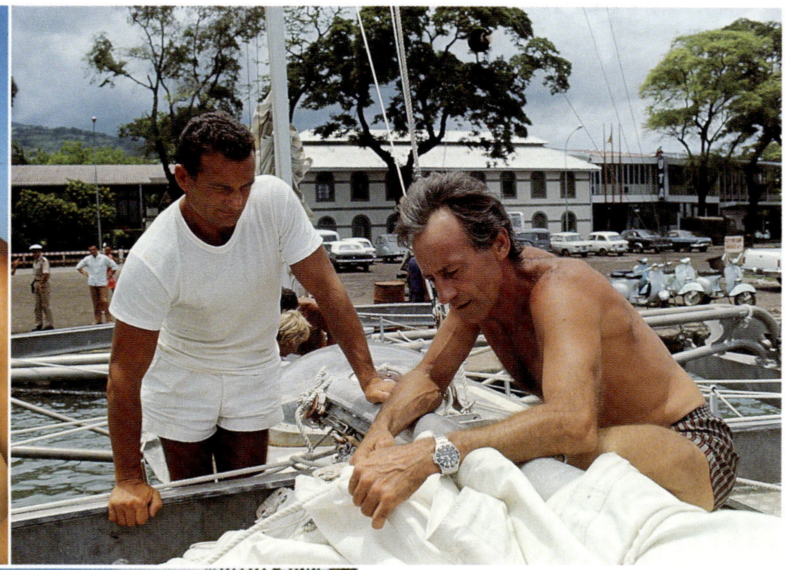

Spielen und Lesen bei Sonnenuntergang im Pazifik (linke Seite oben).

Mit Bernard Moitessier segelt er im Revier um Tahiti (linke Seite Mitte).

Pen Duick IV bei einem Törn im Pazifik (linke Seite unten).

Olivier de Kersauson, Mitglied der Mannschaft, ist in seiner Freizeit auch Fotoreporter (oben links).

Tabarly zeigt Moitessier das synthetische Tuch seiner Segel (oben rechts).

Wie ein eingeborener Tahitianer klettert Éric auf eine Kokospalme (links).

Das zweite Leben der *Pen Duick IV*. Nachdem er es gekauft hat, segelt Alain Colas das Schiff um das Kap der Guten Hoffnung zurück nach Frankreich. Im Juni 1972 bricht er den bisherigen Rekord, als er das vierte Einhand-Transatlatik-Rennen in 20 Tagen und 13 Stunden gewinnt. 1973 modifiziert er den Trimaran für das Einhandrennen um die Welt und tauft ihn *Manuréva*. Fünf Jahre später bleiben Alain Colas und seine *Manuréva* während der ersten »Route du Rhum« bei den Azoren verschollen.

Pen Duick IV liegt zur Reparatur in einer Werft in Saint-Malo (oben links).

An Bord des Trimarans gewinnt Alain Colas die Transat 1972 und umrundet als Einhandsegler die Welt über die drei Kaps (links).

Durch die Kuppel kann Colas das Wetter beobachten, ohne an Deck zu gehen (oben rechts).

Das große Mehrrumpfboot auf dem Pazifik (linke Seite).

PEN-DUICK V

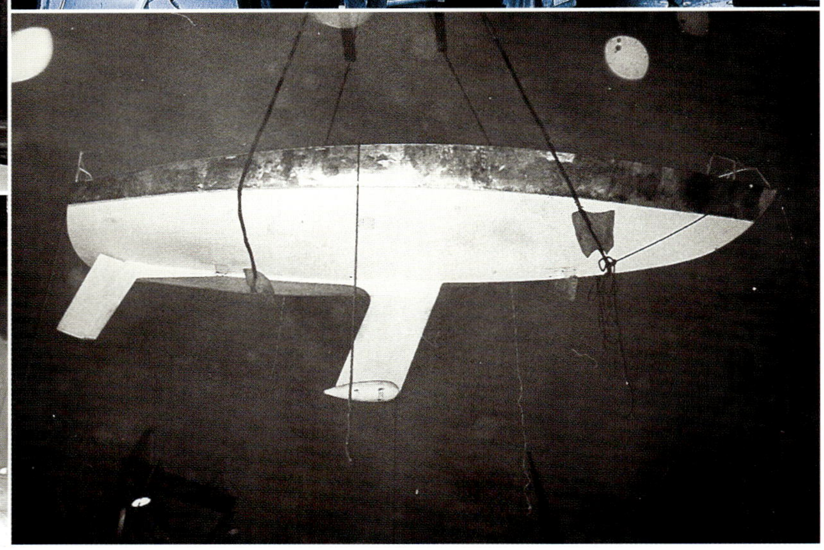

1969

Im September 1968 liest Tabarly in einer nautischen Zeitschrift, dass die Slocum Society ein Transpazifik-Rennen für Einhandsegler veranstaltet. Start soll am 15. März in San Francisco sein, Ziel ist die Bucht von Tokio.
Das Reglement ist einfach: Die Wettfahrt ist auf Einrumpfboote bis zur Lüa von 10,67 m beschränkt. *Pen Duick III* und *IV* sind einsatzbereit, aber sie erfüllen die Voraussetzungen nicht. Daher lässt Tabarly von Michel Bigoin ein neues Boot mit der erlaubten Länge über alles entwerfen. Es wird aus Aluminium auf der La Perrière-Werft gebaut (Fotos oben). Wie im Jahre 1964, ist das Boot das Einzige, an das Éric denkt, um an der 6000-Seemeilen-Wettfahrt von San Francisco nach Tokio teilzunehmen. Vor dem Wind segelnd, erringt *Pen Duick V* den Sieg in 39 Tagen, 15 Stunden und 44 Minuten. (Heute gehört das Boot dem Musée de la Marine, wo es restauriert wird; es soll wieder in seiner ursprünglichen Form erstrahlen und dann auch segeln.)

Dieses Schiff ist der Urahn der heutigen 60-Fuß-Konstruktionsklasse der Weltumsegler. Tabarly baut Ballasttanks ein, die zur Erhöhung der Stabilität mit Hilfe von Handpumpen mit Seewasser gefüllt werden können (unten).

Auf 2,30 m Tiefe ist der torpedoförmige Ballast am Kiel angebracht (links).

Pen Duick V verlässt die kalifornische Küste und segelt zum japanischen Inselreich, das sie 39 Tage später als Siegerin erreicht (rechte Seite).

Pen Duick V, Siegerin des Transpazifik-Rennens (vorhergehende Doppelseite).

Pen Duick VI
Der schönste Sieg
1976

F5999

Auf dem von Anstrengung gezeichneten Gesicht Érics sieht man die Freude über einen seiner schönsten Siege im Juni 1976 (unten).

Der für eine 14-köpfige Besatzung gedachte Spinnaker erscheint viel zu groß für einen einzelnen Menschen (linke Seite).

Bei ihrem ersten Rennen um die Welt 1973/74 rauscht *Pen Duick VI* mit ihren 32 Tonnen Verdrängung auf dem Weg nach Osten in den Brüllenden Vierzigern durch den Indischen Ozean (vorhergehende Doppelseite).

Wie ihre Vorgängerinnen war die sechste Pen Duick *mit ihren 22,25 m Länge auf die Bedürfnisse einer Regatta zugeschnitten, und zwar für das Whitbread Round the World Race, einer Weltumseglung auf der Südroute um die drei Kaps in vier Etappen. Es hatten schon mehrere Segler die Welt umrundet, und 1968 war die Leistung von Robin Knox-Johnston als Einhandsegler mit der Golden Globe-Trophäe belohnt worden. Aber als 1973 das erste Whitbread Race ausgeschrieben wurde, war noch keine klassische Yacht im Rahmen eines Rennens in die südlichen Breiten vorgedrungen.*

1973

Tabarly entwirft die Pen Duick VI *für diese höchst schwierige Route, auf der man möglichst schnell die Kalmen durchqueren, die Passatwinde nutzen und Stürmen trotzen muss. Zunächst beeindruckt die originelle Art der Finanzierung: Eine Reihe von Zulieferern schließt sich zu einem Pool mit einem wirtschaftlichen Interesse zusammen und ist damit Vorläufer des Sponsorings der 80er Jahre.* Pen Duick VI *geht in die Geschichte des Segelsports als ein Boot ein, das 1973 für die Weltumseglung mit Crew gebaut worden war, dem zwei Mastbrüche jedoch alle Erfolgschancen nahmen, dann aber zur allgemeinen Überraschung mit Éric als Einhandsegler mit dem Sieg in der Transat 1976 einen Triumph errang.*

Der Bau des großen Einrumpfbootes aus Aluminium, das der Konstrukteur André Mauric aus Marseille entworfen hat, wird dem Arsenal in Brest anvertraut. Die Ketsch entspricht der den Hochseerennen zu Grunde liegenden IOR-Formel. Mit ihren 32 Tonnen Verdrängung und dem 25 m hohen Großmast, der 150 m^2 Vorsegel und 350 m^2 Spinnaker trägt, ist *Pen Duick VI* beim Stapellauf eine der schönsten Rennyachten der Welt (ganz oben).

Gérard Petipas und Éric in den 80er Jahren an Bord der *Pen Duick VI*. Der Navigator der verschiedenen *Pen Duick* spielte im Leben der sechsten *Pen Duick* eine wichtige Rolle, indem er die originelle Art der Finanzierung erfand und das Boot von Land aus während der ganzen Weltumseglung beriet und betreute (links).

Nachdenklich betrachtet Éric das Modell seines sechsten Bootes (oben).

Pen Duick VI kurz vor dem Stapellauf im Arsenal von Brest (rechte Seite).

ACCES INTERDIT

Start zum Whitbread Race in Portsmouth am 8. September 1973.

Auf der ersten Etappe hat *Pen Duick VI* noch eine Ruderpinne (oben links).

Bord an Bord kämpfen die *Pen Duick VI* und ihre härteste Konkurrentin, die britische *Great Britain II* mit Chay Blyth am Ruder, der den Atlantik im Ruderboot überquert und die Welt von Ost nach West ohne Zwischenstopp als Einhandsegler umsegelt hat (oben rechts).

An der Tonne von Bembridge, der letzten Bahnmarke vor der Ankunft in Kapstadt/Südafrika, wird der Spinnaker der *Pen Duick VI* geborgen (unten links).

Das Publikum begeistert sich für diese neue Regatta über 27 000 Seemeilen. Eine riesige Flotte von Zuschauerbooten gibt den ersten Teilnehmern an der Weltumseglung das Geleit (linke Seite).

Der Wind hat aufgefrischt, und Éric Tabarly steigt auf den Großbaum, um den ersten Reffstander einzuscheren, bevor er die Segelfläche des Großsegels verkleinert (oben links).

Haarschnitt an Deck der Rennyacht (oben rechts).

Unter Deck hört man über Funk den Seewetterbericht ab und empfängt Nachrichten von den anderen Teilnehmern. Im Hintergrund arbeitet Éric am Navigationstisch an der Seekarte (unten rechts).

Einige aus der Mannschaft, die 1973 an der Weltumseglung teilgenommen hat, sind um Éric Tabarly versammelt: zu seiner Rechten Marc Pajot, dem nun Seebeine gewachsen waren; Jean-Philippe Chabaud, Funker; Jean-Pierre Dagues, Arzt; Bernard Rubinstein, Bordingenieur; Antoine Croyère, Pierre Monsaingeon, Patrick Phelipon, Arnaud Dhalenne, Pierre Le Boutet, Smutje, Mikaël Le Berre. Es fehlt Olivier de Kersauson, der Fotograf (rechte Seite).

PEN DUICK
PEN DUICK

ERIC

Mitten auf dem Südatlantik, am 26. Tag des Rennens, legt sich Tabarly nach Mitternacht in seine Koje. Alle Segelmanöver waren gelungen, und die *Pen Duick VI* hat einen beruhigenden Vorsprung vor dem Regattafeld. Das Boot krängt erheblich; da der Wind in kurzer Zeit auf 35 Knoten aufgefrischt hat, müssen Segel gerefft werden. Plötzlich liegt das Boot still, nachdem es sich zuvor abrupt aufgerichtet hat. Der Mast ist gebrochen und liegt an Deck, über die Fußreling hinausragend. Es dauert mehrere Stunden, bevor ein improvisiertes Notrigg aufgerichtet ist. Erst nach elf Tagen erreichen sie den Hafen von Rio de Janeiro, wo das Boot repariert werden soll (oben).

An dieser Stelle an Deck stand einmal der Mast... (oben links).

Eine »KC-135« der französischen Luftwaffe bringt den neuen, in der Schweiz hergestellten Mast und weitere Ersatzteile mit einem Gewicht von fünf Tonnen nach Rio (Mitte).

Die größte Schwierigkeit bereitet das Schließen der Heckklappe. Konsterniert muss Albert Coeudevez, der Hersteller, zur Kenntnis nehmen, dass der Mast um 1,30 m verkürzt wird (unten).

Diese Ansicht von Éric spricht Bände über die Zustände auf der Werft in Rio, bei der die *Pen Duick VI* wieder seetüchtig gemacht werden soll (linke Seite).

In Südafrika stößt die *Pen Duick VI* wieder zum Regattafeld, nachdem sie zuvor den Rekord für die Südatlantiküberquerung Rio – Kapstadt gebrochen hat. Dann gewinnt sie die zweite Etappe im Indischen Ozean. Aber sie wird vom Pech verfolgt und verliert am 30. Dezember 1973, einen Tag nach dem Start zur dritten Etappe in Sydney, zum zweiten Mal den Mast. Damit ist das Rennen für sie beendet. Auf dem Weg nach Europa passiert *Pen Duick VI* am 2. März 1974 Kap Hoorn.

Zum ersten Mal haben Éric und seine Mannschaft reichlich Zeit, den dunklen, bis auf 400 m Höhe aufragenden Felsen zu betrachten, an dem das Boot langsam vorbeisegelt (rechts).

Im Hafen von Sydney begutachtet Éric die an Deck entstandenen Schäden (links).

In jenem Jahr umsegeln drei von Tabarlys Booten das berühmte »Kap der Stürme«: *Pen Duick VI*, die nach ihrem Ausscheiden nach Frankreich zurückkehrt; die *Pen Duick III* als Ausbildungsyacht mit Marc Linsky am Ruder auf dem Weg von Tahiti; und die *Manuréva*, ex-*Pen Duick IV*, mit der Alain Colas einhand die Welt umrundet.

1975 siegt *Pen Duick VI* im »Triangle Atlantique«. Die Route führt von Saint-Malo durch den Südatlantik mit Zwischenstopp in Kapstadt und Rio (Teilnahme an der Kapstadt – Rio-Wettfahrt) und endet in Portsmouth. Éric holt neue Männer in seine Mannschaft, deren Namen berühmt werden: Éric Loizeau und Philippe Poupon...
Während der Weltumseglung und des Triangle Atlantique erhalten die jungen Leute, die Tabarlys Schule absolvieren, an Deck der *Pen Duick* eine hervorragende Ausbildung in Navigation. Sie genießen die Freiheit der Meere, sind aber doch fest eingebunden in die Regeln, die dem Denken und Handeln auf See zu Grunde liegen. Es kommt nicht nur auf die Technik an, sondern sie lernen mit Hilfe dieses wahren Könners auch etwas fürs Leben.

Lektüre und sportliche Ertüchtigung unter tropischer Sonne (oben und rechts).

Die Mannschaft birgt die imposante Genua, die auf den Bug hinabfällt, bevor sie geborgen unter Deck verschwindet (linke Seite).

Blick von der Mastspitze auf das Deck der *Pen Duick VI* während des Triangle Atlantique, der atlantischen Dreiecksregatta (vorhergehende Doppelseite).

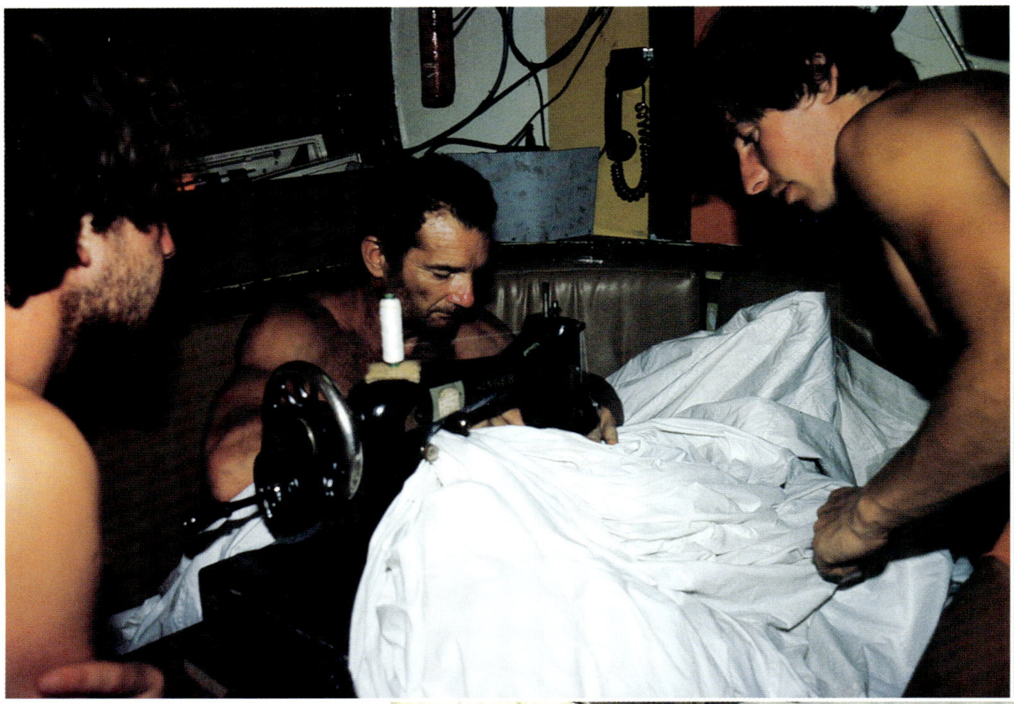

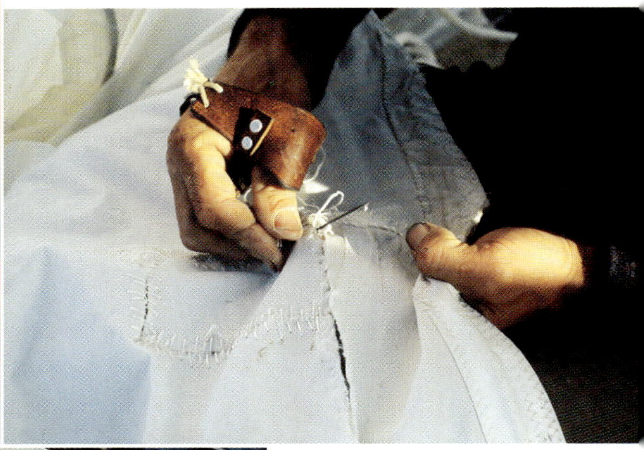

Wenn zu lange Risse entstanden sind, werden die hunderte von Quadratmetern großen Segel unter Deck geholt und mit der alten Singer-Nähmaschine geflickt (oben).

Éric und die junge Mannschaft des Triangle Atlantique beim Zwischenstopp in Kapstadt 1975 (links).

Dicht über der Bugwelle, die bei schneller Fahrt Musik in seinen Ohren ist, genießt der Skipper die verdiente Ruhe im Schatten des Spinnakers (rechte Seite).

Der riesige Spinnaker wird gesetzt und zerrt wie ein starkes, lebendiges Wesen am Bug der *Pen Duick VI* (oben).

Unter den Augen von Éric Tabarly, der das Ruder hält, spielt sich während des Triangle Atlantique 1975 die traditionelle Äquatortaufe ab. Links steht Philippe Poupon, der mit Bordmitteln einen bemerkenswerten Sextanten gebastelt hat (links).

Bei der Rückkehr vom Bermuda-Rennen 1974 posiert Olivier de Kersauson auf Deck in einem Nachthemd, das er sich bei einer Teilnehmerin »ausgeliehen« hat (unten).

Éric ist immer in Aktion: zusammen mit Pierre Lenormand beim Vorsegelwechsel in Gischt gehüllt auf dem Bug (rechte Seite).

Während des Triangle Atlantique erfährt Tabarly, dass das Mehrrumpfboot, mit dem er das nächste Transatlantik-Rennen bestreiten wollte, nicht gebaut werden kann. Da fasst er den unglaublichen Entschluss, mit der *Pen Duick VI* zu starten. Um sich zu qualifizieren, müssen die Konkurrenten in ihrem Boot 500 Seemeilen zurücklegen. Éric lässt seine Crew in Rio an Land gehen und segelt aufs offene Meer hinaus. Einige Monate später läuft er allein in den Hafen von Plymouth ein – auf einer Yacht, die für eine 14-köpfige Mannschaft gebaut ist! Das Jahr 1976 übersteigt alles bisher Dagewesene: Mehr als 100 Boote nehmen an dieser Regatta teil. Am Start sind auch die *Vendredi 13* und die *Club Méditerranée* mit ihren vier Masten, die für Alain Colas, den Sieger von 1972, gebaut wurde.

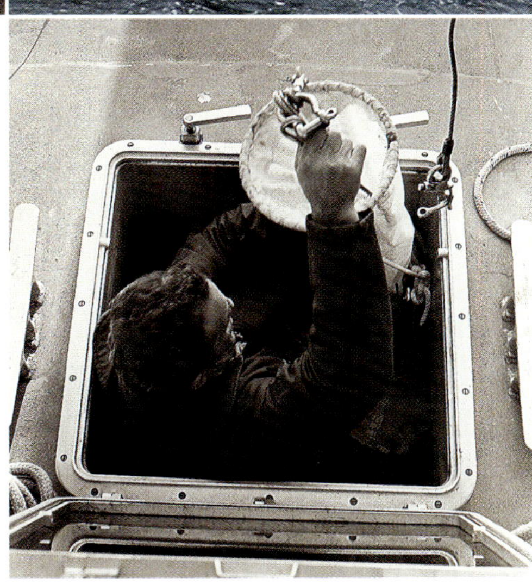

Bei der Ankunft in Plymouth geht die *Pen Duick VI* an der *Club Méditerranée* längsseits. Mit gekreuzten Armen beobachtet Éric den Giganten, während Alain Colas auf seiner Brücke das Manöver überwacht (oben links).

Das Rennen ist gestartet. Tabarly weiß noch nicht, dass sein schwierigstes Stück Seefahrt, das von seinem schönsten Sieg gekrönt werden wird, vor ihm liegt (oben rechts).

Um allein den Spinnaker bewältigen zu können, hat Tabarly einen Schlauch entwickelt, in dem das Segel eingeschlossen ist, während es gesetzt und eingeholt wird (rechts).

1976

Völlig unerwartet taucht die *Pen Duick VI* am frühen Morgen des 23. Renntages im Nebel vor Newport auf. Niemand hat das Boot auf der Ziellinie gestoppt; es steuert unter Segeln in den Hafen ein. Erst jetzt erfährt Tabarly, dass er sein zweites Transatlantik-Rennen gewonnen hat (oben links und rechts).

Die Hafenbehörden haben ihm die nötigen Papiere und – ganz unbürokratisch – eine Flasche Champagner überreicht (links).

Selbst noch ganz überrascht von dem, was ihm gelungen ist, stellt sich Éric in salzverkrusteten Stiefeln den Journalisten (rechte Seite).

Den ersten Besuchern berichtet er von den Schwierigkeiten des Rennens, von fünf schweren Sturmtiefs und dem Ausfall der Selbststeueranlage, der ihn fast zur Aufgabe gezwungen hätte. »Das fünfte Tief war das schlimmste. Der Wind wehte nicht übermäßig stark, aber die Seen liefen extrem steil vom Kamm herunter. Plötzlich öffnete sich ein Abgrund vor dem Boot, das mit einem grässlichen Geräusch im freien Fall stürzte. Nie zuvor hatte es einen solchen Schlag aushalten müssen, nie zuvor hatte ich einen derartigen Stoß erlebt. Mein Windmesser, der bis 60 Knoten anzeigt, war stundenlang blockiert. Wenn man erlebt, wie das weißschäumende Meer Gischtwolken bis zu den höchsten Kämmen der Wellen aufwirbelt, dann ist das ein schöner Anblick. Es ist aber auch ein Zeichen dafür, dass es wirklich tüchtig bläst« (Mitte).

Am Tag nach der Ankunft verlässt die *Pen Duick VI* Newport und begegnet dabei der *Club Mediterranée*, die gerade die Ziellinie überfahren hat. Tabarly ist am Ziel: Er hat das von einem der begabtesten Skipper geführte Boot geschlagen (folgende Doppelseite).

»Verneigung vor Tabarly«

»Warum ich mich zu Wort melde? Nicht, weil in einer der spektakulärsten internationalen Regatten ein Franzose gesiegt hat; nicht, weil man denjenigen, der da als erster aus dem Dunst auftauchte, schon verloren gegeben hatte; nicht, weil sein Boot eines der wenigen ist, das nicht nach Windelhosen oder Tierfutter benannt ist; nicht, weil der Ozean allem Anschein nach in diesem Jahr all seine Macht und Verschlagenheit aufgeboten hat gegen die Männer und Frauen, die ihm allein entgegentraten; auch nicht, weil Voraussetzungen für einen Sieg unter solchen Bedingungen außergewöhnlicher Mut, körperliche Widerstandskraft, umfassende Kenntnis der See und verschiedene andere, sich durchaus widersprechende Fähigkeiten sind, wie Wissen und Intuition, Geduld und Wagemut, Kraft und Besonnenheit, Berechnung und Glück, Erfahrung und Leidenschaft; alles ist richtig und schon mit wohlgesetzten Worten formuliert worden. Nicht deshalb verneigen wir uns vor Tabarly: Wir verehren ihn, weil er sein Glück ergriffen hat.
Es gibt große Worte, die wie Flüche wirken, und die man schamhaft meidet. Gleichwohl glaube ich, dass Tabarly trotz des schlechten Wetters und der ausgefallenen Selbststeueranlage auf See das Glück gefunden hat. Das Glück, als erster anzukommen, aber auch das, loszufahren. Vielleicht ist das der bewegendste Augenblick, wenn die letzte Festmacherleine am Kai gelöst ist. Glück ist, zur See zu fahren, seinen Kurs festzulegen, Segel zu setzen und wieder einzuholen, das Wetter einzuschätzen, die Position zu bestimmen, den Kurs zu ändern. Schlafen oder nicht schlafen, essen, eine Schot reparieren, verbrannte Hände, salzige Lippen haben, nach Schweiß riechen. Sehen, wie das Meer sich gegen einen auftürmt, hören, wie der Wind immer stärker wird, bis das ganze Universum von überwältigendem Getöse erfüllt ist. Beidrehen und sich schlafen legen – nachts, beim Morgengrauen, am hellen Tag oder am Abend, und das vierundzwanzig Mal. Berechnungen anstellen, Himmel und Meer einschätzen und weitersegeln. Aufatmen, weil der Wind günstig dreht oder das Barometer sich in die richtige Richtung bewegt. Hören, wie das Wasser gegen den Rumpf schlägt, wenn das Boot alles gibt und die Segel so stehen, wie sie sollen. Ganz selbstverständlich jeden Tag wieder dieselben Bewegungen machen: Du musst fieren, durchholen, dichtholen, beiholen, Lose geben, luven, abdrehen – lauter lebenswichtige Handlungen, die manchmal das Überleben auf See sichern. Allein sein.
Wenn heute Hochseeregatten die Menschen immer stärker in ihren Bann ziehen, dann liegt das nicht nur an der Werbung – die wollen wir mal außer Acht lassen. Grund ist nicht nur die sportliche Leistung, sondern es ist die Tatsache, dass in unserer Welt voller zweifelhafter Wettkämpfe Leben und Gewinnen auf dem Meer sowohl gegen die Elemente wie auch mit ihrer Hilfe das beinhaltet, was uns allen am meisten fehlt: der Zauber des Einfachen.
Reden wir nicht mehr davon. Ich grüße alle, die sich damit verbunden fühlen!«

Jean-François Deniau
»Le Point«, 5. Juli 1976.

» Man muss schweigen, um zu gewinnen… «

»Zwei Dinge sind wunderbar am Sieg von Tabarly: die mitreißende Spannung und die große Ruhe. Gleich nach dem Start in Plymouth entschwindet die *Pen Duick*. Zwischen Beginn und Ende seines Abenteuers ist Tabarly wie vom Erdboden verschwunden. Er siegt genau in dem Moment, als die Marine eine Suchmeldung herausgibt. Man wünscht sich ihn als Sieger, aber er scheint tot zu sein; man glaubt, er sei tot, und er wird der Sieger…
Weil wir nun mal Chauvinisten sind, und weil das Meer, so groß es ist, nicht ausreicht, unseren hartnäckigen Nationalismus wegzuspülen, hätten wir uns über einen Sieg von Colas gefreut. Der Sieg Tabarlys löst in uns eine Woge heiteren Stolzes aus, denn was da triumphiert, ist etwas mehr als Frankreich, es ist ein Mensch. Jeder spürt, dass dies ein moralischer Sieg ist, der Triumph des Willens.
Das Boot von Colas war zu groß und zu schön, und er redete ein bisschen zu viel. Das Ärgerliche an der Moral und den Moralisten ist ihre schreckliche Manie, belehren zu wollen. Das Geniale bei Tabarly ist, dass er ohne jede Absicht eine über alle Maßen dramatische Inszenierung vollbracht hat. Bravo! Und dass er in unserer geschwätzigen, lauten Zeit ein Moralist ist, der sich zurückhält. Danke!
Unsere Epoche mag keine Helden. Tabarly ist einer, der Gott sei Dank nichts sagt. Unser Zeitalter verweigert sich dem Wettkampf, den Siegern, denen, die besser sind als andere. Tabarly ist ein schweigender Sieger. Er macht keinen Wind. Er war lange stumm. Aber er hat gesiegt. Wenn man gewinnt, muss man schweigen. Und man muss schweigen, um zu gewinnen.«

Jean d'Ormesson
»Le Figaro«, 29. Juni 1976.

Das Echo auf den zweiten Sieg Tabarlys ist umwerfend. Man hatte ihn verloren geglaubt, aber er gewinnt. Die Presse jubelt. Bei seiner Rückkehr nach Frankreich fährt er im Triumphzug über die Champs Élysées, und man zeichnet ihn überall aus (linke Seite und oben).

Mit dem ehemaligen englischen Premierminister Edward Heath, dem Skipper der *Morning Cloud* (oben links).

Der französische Präsident Valéry Giscard d'Estaing ernennt ihn zum Offizier der Ehrenlegion (oben rechts).

F 5999

Sie heißen Jean-Louis Étienne, Jean-François Coste und Titouan Lamazou, der eines Tages das Einhandrennen um die Welt gewinnen wird (unten).

Pen Duick VI nimmt auch an den Regatten der RORC teil. Dieses Beken-Foto wurde beim Start zum Fastnet Race 1977 gemacht (vorhergehende Doppelseite).

Im Pazifik macht die Crew der *Pen Duick VI* Urlaub. Um zum Start zur Weltumseglung 1978 in Auckland zu gelangen, überqueren Tabarly und seine Mannschaft den Pazifik von Los Angeles aus und segeln durch die polynesische Inselwelt zu den Marquesas-, Tuamotu-, Gambier-Inseln und nach Tahiti. Auf den Marquesas-Inseln tanzen sie Tamouré und pflücken Bananen und Kokosnüsse (oben).

Ein eindrucksvoller Ausflug für die Jungen in der Mannschaft, die die Welt von der Saling aus entdecken (rechte Seite).

1981 erhält die *Pen Duick VI* den Namen *Euromarché,* um am dritten Whitbread Race teilzunehmen. Sie endet als zehntes von 20 gewerteten Booten.

Auf dem Vordeck beim Segelwechsel (oben).

Bei auffrischendem Wind wird ein Reff eingebunden (rechts oben).

Bei schlechtem Wetter mit Regenschauern und auffrischendem Wind nähert sich die *Euromarché* der Ziellinie vor Portsmouth (rechts Mitte).

Dieser Händedruck zeugt vom Respekt zweier großer Regattasegler füreinander. André Viant, der mit seiner *Kriter IX* als Dritter eingelaufen ist, gratuliert Éric Tabarly bei seiner Ankunft in England (rechts unten).

Vom Deck der *Pen Duick VI* aus betrachtet Éric Tabarly fasziniert die großartige Landschaft der Bucht von Moorea (vorhergehende Doppelseite).

1983

In den achtziger Jahren segelt Éric Tabarly weiter auf der *Pen Duick VI*. Um das Unterschiff zu reinigen, lässt er das Boot auf dem Strand von Saint-Pierre auf der Halbinsel Quiberon trockenfallen. Einige Neugierige sehen sich das große Boot an, das die Flut auf den Strand gesetzt hat. Ein Strandwärter erstattet sogar Anzeige und fordert Éric auf, das Boot unverzüglich zu entfernen (oben).

Éric hat die erste *Pen Duick* nie vergessen. Nun plant er, sie für ein drittes Leben herzurichten. Beim Anblick seines Fotoalbums denkt er schon an neue Reisen, die er 20 Jahre nach dem Abtakeln in La Trinité mit dem Familienboot unternehmen will (linke Seite).

Im Sommer 1983 unterzeichnet er einen Vertrag mit Raymond Labbé, der im Verlauf von mehreren Jahren den alten Kutter renovieren soll. Am 5. August nimmt die *Pen Duick VI* im Hafen von Crouesty die *Pen Duick* in Schlepp. Es dauert einige Tage, bevor sie nach mehreren Etappen und immer nur am Tag fahrend durch die Raz de Sein endlich Saint-Malo erreichen (links und rechts unten).

Paul Ricard

Ein Schiff mit Flügeln

1979

Seemann und Flieger zur gleichen Zeit (unten).

Éric bei der Arbeit auf seinem fliegenden Schiff (linke Seite).

1. August 1980. Die *Paul Ricard* steht kurz davor, den Rekord der Atlantiküberquerung zu brechen. Vor Lizard Point an der englischen Küste schläft der Wind ein. Hoch über dem Wasser arbeitet Tabarly am Schwimmer (vorhergehende Doppelseite).

Auf der unermüdlichen Suche nach Möglichkeiten, größere Geschwindigkeiten zu erreichen, entsteht das radikal neue Konzept des siebten Schiffes. Der Traum Érics, sich in die Luft zu erheben, scheitert lange Zeit am Gewicht des Materials. Dank neuer Technologien aus dem Flugzeugbau steht der Traum kurz vor der Verwirklichung. Allerdings hätte das Schiff ohne die Hilfe von Paul Ricard

nicht so schnell gebaut werden können. Grundlage für den Erfolg des Trimarans Pen Duick IV *war die durch Schwimmausleger garantierte Stabilität und das Fehlen von Ballast. Aber für Éric stößt dieses System an seine Grenzen. Die überragende Idee des Tragflügelbootes ist, dass unter Fahrt ein Teil des Rumpfes aus dem Wasser kommt und so der Reibungswiderstand verringert wird. Der Auftrieb entsteht dadurch, dass unter jedem Schwimmausleger eine Profilflosse angebracht wird. Das Prinzip war schon bekannt, aber die* Paul Ricard *nutzt es als Erste.*

1979

Für die Transat 1979 wird sie mit zwei Meter langen Profilflossen aus Aluminium ausgerüstet und endet als Zweite fünf Minuten hinter dem Sieger – nach über 6000 Seemeilen! Nach Umbauten pulverisiert die Paul Richard *1980 den seit 1905 bestehenden Rekord der* Atlantic.

In geduldiger Arbeit wird die »fliegende Rennmaschine« bei den Constructions Mécaniques de Normandie zusammengesetzt (unten links).

Die eingebauten Profilflossen sind eine Entwicklung des berühmten Flugzeugbauers Hurel Dubois, der sich auf Wasserflugzeuge spezialisiert hat. Das Foto zeigt den Ingenieur François Lefaudeux (der zusammen mit Alain de Bergh vom Flugzeughersteller Marcel Dassault an dem Projekt arbeitet), Éric Tabarly (rechts) und in der Mitte den Werftdirektor Laurent (oben links).

In seinem Haus in Gouesnac'h stellt Éric lange Überlegungen über Funktion und Verhalten seines neuen Bootes an (oben rechts).

Seit 1976 macht Tabarly in La Rochelle Versuche zum Prinzip des Tragflügelbootes mit einem 6,90 m langen Tornado-Rumpf, an dem man Ausleger befestigt hat (unten rechts).

Am Heck des Mittelrumpfes ist ein neuartiges Steuergerät angebracht, das bei Bedarf die Trimmlage des Bootes korrigieren soll (rechte Seite).

Fast hätte Baron Bich das Tragflügelboot finanziert, aber dann zog er sich zurück, weil ihm das Risiko, einen Einhandsegler mit dem Schiff auf den Ozean zu lassen, zu groß erschien.

Paul Ricard, der sich hier mit Éric unterhält, ist begeistert von dem Plan. Er steigt voll ein, und im Mai 1979 wird das Boot, das seinen Namen trägt, zu Wasser gelassen. Bei den ersten Versuchen zeigt sich die ungewöhnliche Silhouette. Auf dieser vor Lorient gemachten Aufnahme hat die *Paul Ricard* ihren großen Spinnaker mit neuartigen Düsen gesetzt (oben).

An der Spitze des mächtigen Mastes erscheint Éric ziemlich klein (unten).

Juni 1979: »Le Transat en Double« von Lorient zu den Bermudas und wieder zurück. 45 Minuten vor der Ziellinie und nach zweifacher Atlantiküberquerung überholt die von Eugène Riguidel und Gilles Gahinet gesegelte *VDS* die *Paul Ricard* mit Éric Tabarly und Marc Pajot. Im Ziel liegen die Boote ganze 5 Minuten und 42 Sekunden auseinander (linke Seite)!

Die Pantry des Trimarans bietet wenig Komfort (links).

26. Mai 1979. In Begleitung einer großen Zahl von Schiffen hat die *Paul Ricard* bei frischer Brise am Wind segelnd in Lorient die Startlinie zum »Transat en Double« überquert. Das Boot, das mit 17 m x 17 m genauso lang wie breit ist, passiert mit einem Vorsprung von 50 Stunden als Erstes die Wendemarke bei den Bermudas (oben).

Die *Paul Ricard* in voller Fahrt bei steifer Brise und ruhiger See in der Bucht von Quiberon. Nach einer Überarbeitung der Schwimmausleger ist dies die zweite Version (rechte Seite).

14
14
14

Weil Éric Tabarly sich beim Skifahren die Schulter verletzt hat, kann er 1980 nicht am OSTAR teilnehmen. Er vertraut die *Paul Ricard* Marc Pajot an, der mit ihm zusammen das Transat en Double gesegelt hat. Pajot beendet das Rennen als Dritter, wird aber wegen des Austauschs des Rudergängers von der Jury nicht gewertet. Auf die Frage, welches für ihn die größte Schwierigkeit bei einem Rennen sei, antwortete Tabarly gewöhnlich: »Auf jeden Fall sind nie Wetter oder Streckenverlauf das Problem, sondern die anderen Konkurrenten. Auf demselben Parcours und unter denselben Bedingungen muss man versuchen, besser zu sein als die anderen. Sich dem Wetter zu stellen sollte für Leute, die als Einhandsegler aufs offene Meer fahren, kein Problem sein.«

Marc Pajot arbeitet am Mastfuß (links).

Von einem Begleitboot verfolgt Éric aufmerksam die Manöver, die der für ihn Eingesprungene fährt (rechts).

1980

Die Einhand-Atlantikregatta im Juni 1980 führt die *Paul Ricard* in die USA. Da das Boot nach Frankreich zurückgeführt werden muss, schlägt Gérard Petipas Éric vor, dann den Rekord der Atlantiküberquerung anzugreifen. Der berühmte Schoner *Atlantic*, der seinen Namen zu Recht trägt, hält mit 12 Tagen, 4 Stunden und 1 Minute seit 1905 den Rekord für die beste Zeit zwischen New York und dem Lizard Point in England.

Zusammen mit Éric Bourhis, Georges Calvé und Dominique Pipat segelt Éric Tabarly die *Paul Ricard* von Newport nach New York. Nachdem sie Lebensmittel übernommen haben, geht das Tragflügelboot am 21. Juli in See, ohne die Wettervoraussage zu beachten. Die Mannschaft meldet sich im Vorbeifahren beim Leuchtturm von Ambrose und fährt hinaus auf den Atlantik. So startet ein verrücktes Unternehmen (oben links).

Nach einer bewegten Reise ist der unglaubliche Versuch geglückt. Beim Passieren des Signalmastes auf Lizard Point zeigt die Uhr: 10 Tage, 5 Stunden und 14 Minuten (oben rechts).

Die Wellen durchschneidend, wirbelt der Ausleger Gischt auf, die heftig ins Cockpit peitscht. Um einigermaßen geschützt steuern zu können, hat Tabarly Ölzeug angelegt und einen Motorradhelm aufgesetzt (oben und rechte Seite).

Bei der Ankunft in La Trinité begrüßt die Menge die Helden, die den Atlantikrekord gebrochen haben (unten).

AJS

Nach dem Atlantikrekord segelt Tabarly weiter auf allen Meeren. Die hohen Geschwindigkeiten führen zu unglaublichen Beanspruchungen des Hochsee-Tragflügelbootes, das wegen Reparaturen immer wieder aufgeben muss (oben).

Beim Zweimann-Transatlantik-Rennen 1981 müssen Éric und Patrick umkehren, weil der Rumpf ernsthafte Beschädigungen davongetragen hat. Der Direktor der Werft CMN und Patrick begutachten das Boot nach seiner Rückkehr (oben links).

Die *Paul Ricard* beim Start zur »Route du Rhum« 1982 (linke Seite unten).

Am sechsten Tag des Rennens muss Éric aufgeben, weil eine Metallstütze am Fuß des drehbaren Mastes gebrochen ist, so dass er das Großsegel nicht mehr reffen kann. 1984 erringt Éric mit der *Paul Ricard* einen dritten Platz im englischen Einhand-Atlantik-Rennen, dem dritten, an dem er teilnimmt.

1984

L'hydroptère est un projet auquel je crois.
Il est en train de devenir réalité.
Je fais confiance à Alain Thébault pour le
mener à bien.

Éric Tabarly

Président du Comité de Parrainage

Im Juni 1984 stellen Éric Tabarly und Alain Thébault in La Rochelle das erste Modell des Tragflügelboots im Maßstab 1:20 vor (linke Seite oben).

Erste »Flüge« des im Maßstab 1:3 gebauten Versuchsschiffs, mit dem Alain Thébault von 1988 bis 1992 segelt, um das Projekt unter natürlichen Bedingungen zu prüfen (linke Seite Mitte).

Am 25. August 1992 wird das Projekt im Haus von Éric und Jacqueline Tabarly auf den Weg gebracht. Um die beiden und Frédérique und Alain Thébault sind versammelt: Patrick Auroy, Nicolas Baverez, Alain de Bergh, Serge Dassault und Bruno Revellin Falcoz (Dassault-Flugzeugbau), Admiral Claude Gagliardi (Präsident der Mission Interministérielle de la Mer), Philippe Girard (Aérospatiale), Olivier Guichard (Präsident der Region Pays-de-la-Loire), Alain Grill (Chantiers de l'Atlantique), François Lefaudeux (Ingenieur der DCN), Bruno de Maulde (Präsident des CBV), Jean Picq (Aérospa-tiale), Yves Sillard (einer der Väter der Ariane-Rakete) (linke Seite unten).

Éric Tabarly und Alain Thébault in den Fangnetzen des Tragflügelboots. Die Flügel sind ausgelegt für einen Druck von 20 Tonnen pro m^2 (oben).

Erster »Flug« des Tragflügelboots im Oktober 1994 vor Saint Nazaire. Mannschaft und Techniker strahlen (links).

Das Tragflügelboot, das Alain Thébault mit viel Geduld fertiggestellt hat, löst die *Paul Ricard* ab und führt die große Idee Tabarlys fort. Im Dezember 1997 erreicht er vor St. Nazaire 39 Knoten bei 25 Knoten Windgeschwindigkeit (vorhergehende Doppelseite).

Segeln als Leidenschaft

1985

SUD OUEST

Éric glücklich, aber erschöpft, bei der Ankunft nach der »Transat Jacques Vabre«, die er mit zusammen Yves Parlier gewonnen hat (unten).

An Bord des 60-Füßers *Aquitaine Innovations* (linke Seite).

Éric am Ruder der für das Whitbread Race 1985 gebauten *Côte d'Or*. Nach der *Pen Duick VI* und der *Euromarché* ist dies die dritte Teilnahme Tabarlys am Rennen um die Welt (vorhergehende Doppelseite).

Éric Tabarly hat mit der Côte d'Or *für das Whitbread Race gemeldet. Seit seinem Sieg in der Transat 1964 hat er sich bei allen Rennen und auf allen Meeren als couragierter Skipper gezeigt. Nach einem Vierteljahrhundert voller Wettkämpfe, Meile um Meile, lebt das »Idol der Wogen«, wie ihn Olivier de Kersauson in den siebziger Jahren genannt hat, weiter auf dem Meer und in den Regatten.*

Zeichen der Zeit ist, dass die Boote nicht mehr Pen Duick *heißen, Éric aber weiterhin neue Bootskonstruktionen entwirft und steuert. Er opfert viel Zeit für die* Pen Duick, *deren drittes Leben beim Windjammertreffen in Rouen 1989 beginnt. Er hat auch beim Whitbread Race noch eine alte Rechnung offen. Selbst wenn er die Ehre der* Pen Duick VI *nach ihren Mastbrüchen mit dem Sieg in der Einhand-Transat 1976 wiederhergestellt hat, bleibt die Weltumseglung mit Crew ein Ziel.*

1985

In der Gruppe der Mehrrumpfboote segelt er nach der Pen Duick IV *der siebziger Jahre mit der* Côte d'Or II *und der* Bottin Entreprise *an der Spitze. Seinen letzten Sieg erringt er mit einem 60-Füßer. Als Kind hatte Yves Parlier schon davon geträumt, zusammen mit dem Helden des Atlantiks zu segeln. Schönes Symbol: In der Transat Jacques Vabre war Tabarly sein Steuermann.*

Mit der *Côte d'Or* nimmt Éric Tabarly 1985 am Whitbread Race teil, hier am Ruder, und wird Vierter, dann 1987 an der Transat »Le Point-Europe I« von Lorient nach Saint-Pierre-et-Miquelon (Neufundland). Er gewinnt die Etappe zurück nach Lorient (rechts).

Marie, die 1984 geborene Tochter Érics, sitzt auf den Schultern ihres Vaters und verfolgt von dort oben die Vorbereitungen zur Regatta (unten).

Am 24. Juni 1985 entlässt die Marine Éric Tabarly in Brest mit einer Zeremonie. Nach dem Erreichen der Altersgrenze ist er nun Fregattenkapitän der Reserve. Tabarly hatte eine vorbildliche Beziehung zur Marine Nationale. Je bekannter er wurde, desto mehr galt er als maritimer Botschafter Frankreichs. Für Tabarly, den der Admiral Philippe de Gaulle an Bord der *Colbert* empfängt, wird Seite gepfiffen wie für einen Stabsoffizier, obwohl er nur subalterner Offizier ist. »Das haben Sie auf jeden Fall verdient«, sagt der Admiral, der ihn oben am Fallreep empfängt (rechte Seite).

Jacqueline und Éric Tabarly während der Zeremonie (unten).

» Éric war ein großartiger Botschafter Frankreichs.«

»Für Éric, den die Seglerwelt für unsterblich hielt.
Jetzt, wo er hinter dem Horizont verschwunden ist, sollten wir an ihn denken. Ganz intensiv. Sein ganzes Leben lang galt er für unzählige Segler als großes Vorbild und als Quelle großartiger Inspiration. Und das nicht nur in Frankreich, sondern in der ganzen Welt.
Er gab den Ozeanregatten eine neue Dimension, für Mannschaften genauso wie für Einhandsegler.
Er war ein begabter Konstrukteur, der in jedem seiner Abenteuer ganz und gar aufging. Aber vor allem war er ein großer Botschafter Frankreichs. Bei dieser Tragödie sind wir alle auf der Verliererseite. Aber wir müssen ihm dankbar sein für die Zeit, die er mit uns verbracht hat, und für alles, was er uns gelehrt hat.
Éric... ich wünsche dir guten Wind und gute Fahrt. Ich bin ganz sicher, dass du dann, wenn wir uns das nächste Mal sehen, gerade nach einer Möglichkeit suchst, noch ein bisschen schneller zu sein.«

Peter Blake
Ritter des Britischen Empire
Gewinner des Whitbread Race 1989/90
Gewinner des America's Cup 1995
»Hommage à Éric Tabarly«
veröffentlicht am 20. Juni 1998
im »Figaro Magazine«.

14
e d'Or II
14

Es folgt die Zeit des Hochsee-Trimarans *Côte d'Or II*, der im Groß die berühmte Nr. 14 der *Pen Duick II* trägt. Mit dem Boot muss Éric die »Route du Rhum« 1986 abbrechen, weil der Backbord-Schwimmausleger vorn abgebrochen ist. Zum ersten Mal in seinem Leben muss Éric um Hilfe bitten. Über Funk hören die Organisatoren, wie er mitten auf dem Ozean seine Lage schildert: »Das ganze Vorderteil des Schwimmers ist abgebrochen... Ich treibe nach Norden... Es ist völlig unmöglich, wieder Segel zu setzen. Ich glaube, jemand muss mich holen.« Die *Pen Duick VI* überquert mit Arnaud Dhallenne und einigen Segelschülern den Atlantik und birgt ihn (oben und linke Seite).

Vor dem Start in La Baule mit seiner Frau Jacqueline. Anne, die Tochter von Jacqueline, trägt Marie auf dem Arm (Mitte).

Nach einem fünften Platz im »Course de l'Europe« 1987 segelt Éric zusammen mit seinem Bruder Patrick die Zweimann-Regatta La Baule – Dakar. Sie kentern vor Madeira und müssen die Fahrt nach Süden aufgeben. Der Trimaran ist schon ein gutes Stück unter Wasser, als Éric, der vom Ruder weggeschleudert worden ist, an der Winsch hängend, die Füße im Wasser, seinem unter Deck schlafenden Bruder zuruft: »Beeil dich, Patrick, ich glaube, wir kentern!« (unten).

Mit dem Trimaran *Bottin Entreprise* bestreitet Tabarly zusammen mit Jean Le Cam das Rennen Lorient – Saint-Barthélemy und zurück. Die Crew, die die erste Etappe mit dem zweiten Platz beendet, ist fest entschlossen, auf dem Rückweg den Rückstand von zwei Stunden aufzuholen. Während *Bottin Entreprise* und *Elf Aquitaine* um den Sieg kämpfen, kentern beide Boote praktisch gleichzeitig. Éric – er stand am Ruder – klammert sich an einem Schwimmer fest und bricht sich dabei das Schlüsselbein (rechts).

Le Cam, der unter Deck schlief, klettert durch den Notausgang im Rumpf nach oben, sieht Éric im Freien stehen und witzelt: »Clever, was du da gemacht hast« (Mitte).

Éric und Marie auf der *Bottin Entreprise* beim Zwischenstopp auf Saint-Barthélemy in der Karibik (linke Seite unten).

Für Tabarly endet damit eine Epoche. Für ihn gab es nichts Schöneres, als die Segel zu setzen. Er hat seinen Booten immer sehr viel abverlangt. Aber er hat das Gefühl, dass ihm die zerbrechlichen Mehrrumpfboote nicht für das Engagement danken, das er ihnen entgegenbringt.

Nicolas Raynaud, der zur Mannschaft von *La Poste* gehörte, erzählt: »Mit einigen wenigen Worten nahm er die ganze, vorher unantastbare Hierarchie auf dem Maxi auseinander: ›Hier ist die Wacheinteilung. Für mich gibt es keinen Chef, und es gibt auch keinen Chefkoch‹, sagte er.
Zum angeborenen Talent, jedes nur mögliche Wasserfahrzeug zu begreifen und zu beherrschen, kam bei Éric noch eine andere Fähigkeit: Er brachte einen dazu, das Meer zu lieben. Delphine in Sicht? Er erscheint als Erster mit einem Leuchten in den Augen, als sähe er sie zum ersten Mal.
Es waren glückliche Stunden, wenn wir aufs Auslaufen warteten und mit ihm am Kartentisch saßen, wenn es aus ihm heraussprudelte, Geschichten von Schiffen und vom Wetter, Erinnerungen und ein Wissen, das einen die von der Kälte steifen Finger vergessen ließ. Oder wenn er splitternackt an Deck kam und uns zeigte, wie man einen tropischen Regenschauer so ausnutzt, dass der hartnäckigste Körpergeruch verschwindet. Man muss erlebt haben, wie er mitten in der Nacht in der Le Maire-Straße an Deck sprang und bei Windstärke 9 ein schwieriges Ausweichmanöver fuhr, um einem Feld von Riesenalgen auszuweichen.«

Mit dem Maxi *La Poste* nimmt Éric Tabarly an seinem letzten Whitbread Race teil. An Bord herrschen Durcheinander und Auflösung, und er wird in Fremantle zu Hilfe gerufen, um das Kommando zu übernehmen und die drei letzten Etappen der Weltumsegelung zu beenden. Wieder einmal begeistert ihn die Reise mit diesem großen, modernen Boot (links).

Auch die neue Generation von Hochseeseglern erliegt dem Charme des berühmten Blauwasserseglers (unten).

Die *Aquitaine Innovations* mit ihren »Thunfischfänger-Spieren«, die den Mast stützen sollen, segelt mit Höchstgeschwindigkeit auf offener See. Éric Tabarly erringt an Bord des Bootes zusammen mit Yves Parlier in der Transat Jacques Vabre seinen letzten Sieg (folgende Doppelseite).

EDF
Electricite de France
ARCACHON

Ganz einfach – ein Mensch

1990

Dieser konzentrierte Blick ist gefeit gegen jede Ablenkung (unten).

Jacqueline und Éric auf dem Weg zum Ankerplatz der *Pen Duick* (linke Seite).

Saint-Barthélemy, Mai 1989. Endlich hat Marie ihren Vater wieder. Das vergnügte Lachen der beiden beim Baden im klaren Wasser zeugt von vollendeter Harmonie (vorhergehende Doppelseite).

Zwischen Büschen hindurch gehen Jacqueline und Éric über ihr Grundstück hinunter zum Fluß Odet, wo die Pen Duick *ruhig vor Anker liegt. In Gouesnac'h kommen und gehen im Laufe der Jahre glückliche Tage. »Quant il faut, il faut!« – »Was muss, das muss«. Seine Freunde kennen das legendäre Leitmotiv Érics und seine Art, danach zu handeln. Grundsätzlich erledigt er alles mit großer Gründlichkeit, auch Kleinigkeiten. Auf diese Art bewältigt er ohne viel Aufhebens und im Vertrauen auf alle, die mit ihm zusammenleben, seine täglichen Aufgaben.*

1990

Éric ist nicht nur der Skipper der großen Atlantik-Regatten, er macht auch gerne kleine Touren zwischen den Felsen vor Chausey aus Freude an der schnellen Fahrt durchs klare Wasser, er liebt den Geruch der Algen vor der Belle-Ile und ein Bad im Meer bei Bora Bora mit Paul-Émile Victor. Im Winter verbringt er mehrere Monate auf seinem Gut in Argentière und läuft bis zur Erschöpfung Ski mit den Skilehrern in Chamonix. Jedes Jahr fährt er mit Marie »auf Urlaub« zum Segeln in ihre Heimat, im türkisblauen Wasser der Karibik. Er singt und lacht mit großem Vergnügen; auch so bringt er seine Lebensfreude zum Ausdruck.

» Es musste schon eine Frau wie Jacqueline kommen... «

»Große Seelen offenbaren sich im Unglück. In stiller Trauer ohne Tränen, hinter der sich unendliche Verzweiflung verbirgt. Ich kenne Jacqueline schon lange, bereits seit auf den Lippen von Éric Tabarly, den man zu Unrecht als schweigsam und eigenbrötlerisch bezeichnete, ein Lächeln erschien, das typisch ist für Männer, die nicht mehr allein sind. Es musste schon eine Frau wie Jacqueline kommen, um diesen Mann zu verführen, dessen einzige Leidenschaft bis dahin die Sieben Meere, Yachten und der Wind gewesen waren.

Ich kenne Jacqueline. Ich wusste, dass sie eine eigenwillige Frau mit starkem Charakter war, die zuversichtlich und gelassen auf die Rückkehr ihres Mannes warten konnte. Éric lebte auf hoher See in schwimmenden Häusern, in deren Segeln das Echo vom Rauschen der Ozeane widerhallte.

Jacqueline wachte über das anheimelnde Haus in Gouesnac'h, pflegte die Blumen, erzog ihre Tochter Marie, kümmerte sich um alles, und bemühte sich, die Alltagssorgen von dem legendären Segler fernzuhalten. Eine echte Seemannsfrau. Seesack an Bord, Seesack an Land, Éric kam nach Hause, ging wieder fort, kam zurück, nur um wieder aufzubrechen. Jacqueline akzeptierte dieses Leben der Trennung, der langen Abwesenheit, der Wiederkehr. Sie akzeptierte alle diese Schwierigkeiten, weil sie wusste, was Éric für die Franzosen verkörperte: Mut und Verlass auf das einmal gegebene Wort. Er trug den Ehering nicht, weil er meinte, dass dieser symbolische Ring ohne Bedeutung war. Er hatte sich verpflichtet, treu zu sein.

Das Leben zu zweit schien ihm lange Zeit nicht sehr reizvoll. Er wartete auf die Frau, die seinen Lebensidealen entsprach. Sie sollte aufrecht und treu sein. Jacqueline besaß diese Tugenden. Ich glaubte, sie zu kennen, aber wirklich kennengelernt habe ich sie erst in den Stunden der Verzweiflung, nachdem die Irische See Éric geholt hatte und sie bei der Trauerfeier in der École Navale vor den versammelten Würdenträgern laut und kräftig sagte: ›Mein Mann liebte Frankreich, die Schiffe und das Meer‹. Als Jacqueline Tabarly an diesem Morgen, unter einem tiefblauen Himmel, mit verhaltener Bewegung von der Seefahrt sprach und von den Männern, die der See die Stirn bieten, da hat sie sich würdig gezeigt, zu Ehren dieses Mannes zu sprechen, der seinen Seesack nicht mehr auf die Erde setzen wird.«

Olivier de Kersauson
»Hommage à Jacqueline Tabarly«
»Télé 7Jours«, 26. Dezember 1998.

Éric bei der Lektüre in seinem Arbeitszimmer im ersten Stock des Hauses in Gouesnac'h (oben).

Mittagessen vor dem Haus bei schönem Wetter im Juni (Mitte).

Nachdem Marie 1984 geboren war, wuchs in Éric eine väterliche Sorge, nicht immer darüber bestimmen zu können, was geschieht (unten).

Zu dritt lesen sie ein Buch (linke Seite).

Dieses langgestreckte Haus aus Granit, das man in der Bretagne als »longère« bezeichnet, scheint seit Jahrhunderten zu stehen. Es stammt aber aus einem mehr als 100 km entfernten Dorf im Département Morbihan, wo Éric es vor langer Zeit entdeckt hatte. Nach dem Kauf ließ er es Stein für Stein abtragen und auf einem Grundstück, das er einige Jahre zuvor in Gouesnac'h am Odet gekauft hatte, wieder aufbauen. Die Arbeiten begannen 1978 und dauerten drei Jahre (oben und rechts).

Jacqueline segelt oft mit auf der *Pen Duick*. Hier steht sie im August 1996 an Deck (rechte Seite, rechtes Foto).

Dieses kleine Kajütboot, das *Rubis* hieß und wegen dieses Namens rot gemalen war, hatte Éric in der École Navale in Brest für Jacqueline gekauft. Wegen seines geringen Tiefgangs benutzte er es selbst einige Male, um »Wasserlöcher« zu erkunden (rechts).

Dieses gelungene Halbmodell der *Pen Duick* haben Freunde Éric zu seinem 60. Geburtstag geschenkt (Mitte).

Mit besonderer Sorgfalt hat Éric selbst eine Treppe zum Ufer des Odet gebaut, wo der Ponton für seine Boote liegt. In mehrwöchiger, harter Arbeit hat er sich eine schöne Pforte zur großen, weiten Welt geschaffen (unten).

Die Jahre von 1984 bis 1998 gehören Marie.

Unter den verwunderten Blicken der »kleinen« Marie hilft Anne, Jacquelines ältere Tochter, Éric beim Auspusten der Kerzen auf seiner Geburtstagstorte (Mitte rechts).

Zusammen mit Paul-Émile Victor in einem Auslegerkanu in der Lagune von Bora Bora im Januar 1986 (oben links und rechts).

Die Zehnjährige schlingt die Arme um ihren Vater, den sie endlich einmal für sich hat (oben links).

1989 im Haus in Gouesnac'h (unten).

Die Dreijährige schmiegt sich im Cockpit der *Pen Duick* an ihren Vater (linke Seite).

Weit entfernt von den Brüllenden Vierzigern genießen Éric, Jacqueline und Marie im milden Passatwind der Karibik ihre einfachen, ruhigen Ferien am Meer (oben links und unten).

Während eines Segeltörns in der Karibik spielt die Familiencrew »Kaffeemühle«. Éric dreht Marie – und umgekehrt – auf der Winschtrommel der *Pen Duick VI* (oben rechts und Mitte).

Einige Jahre später hat Jules, Jacquelines Enkel, Marie auf der Trommel abgelöst (links unten).

Éric schwingt an der Dirk der *Pen Duick VI* weit hinaus, bevor er ins klare Wasser eintaucht (linke Seite).

Die Geschwister Tabarly stehen für das traditionelle Familienfoto beisammen. Von links nach rechts: Annick, Armelle, Patrick und Éric. Wiederholt segelt Éric Regatten mit Patrick, der ein hervorragender Segler ist. Patrick gehört zur Crew der *Pen Duick*, assistiert seinem um 13 Jahre älteren Bruder und hilft ihm bei der Vorbereitung der Mehrrumpfboote *Paul Ricard, Côte d'Or* und *Bottin Entreprise* (oben).

Éric und seine Schwester Annick haben viele Erinnerungen an ihre gemeinsame Kindheit im Elternhaus in Chalouère bei Angers. Sie sind nur ein Jahr auseinander. Eines Tages im Winter entdeckte Mutter Tabarly zu ihrem Entsetzen ihre beiden Kinder auf dem Dach. Weil der Schnee auf der Erde schmutzig war, hatte Éric seine Schwester mit nach oben genommen, um von dort die weiße Pracht anzusehen. Annick und Éric 1997 auf der *Pen Duick* (Mitte).

Jedes Jahr während des Sommerfestes am letzten Augustwochenende wird der Rasen vor dem Haus zum Schauplatz wahrer Reiterkämpfe (oben rechts).

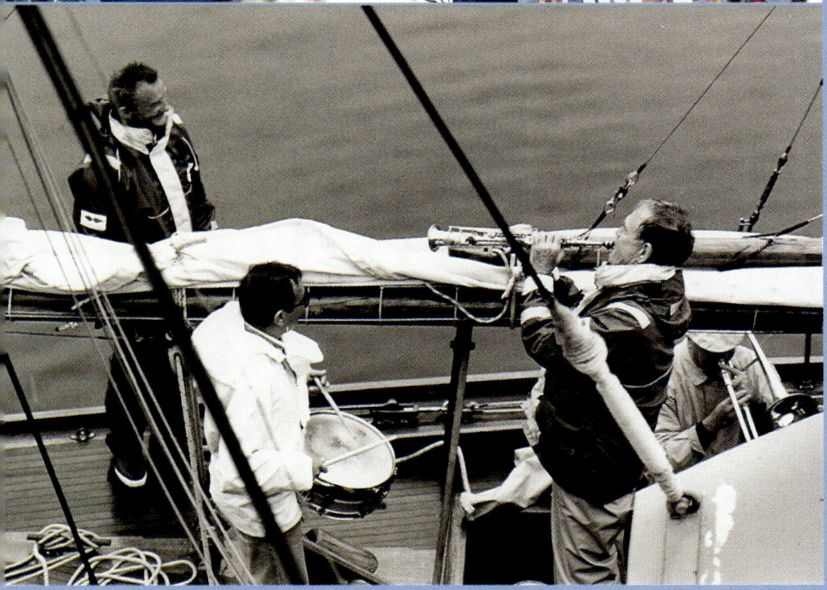

››Nur wenige Menschen wissen, wie gerne Éric sang.‹‹

»…Wie oft habe ich bedauert, dass unser Land sich nicht recht bewusst ist, wie sehr es dem Meer verbunden ist. Tabarly war der Erste, dem es gelang, diese Distanz und dieses Unverständnis zu überwinden, die Öffentlichkeit für das Meer zu interessieren, ihm eine Zuhörerschaft zu schaffen. Und das nicht mit viel Worten. Sein Ruf als großer Schweiger ist berühmt. An Bord gab er die Kommandos mit einem Minimum an Worten. Sein Vorbild genügte. Außerdem tat er noch etwas Besseres als Reden – er sang. Im Unterschied zum Normalbürger, der nur die Hälfte des Textes kennt und dann ›tralala‹ macht, kannte er alle Strophen. Für uns ist er die Verkörperung des Gesangs der Meere.«

Jean-François Deniau
»Paris Match«, 25. Juni 1998.

Für Éric bedeutet Gesang unendliche Freude, die er mit Freunden teilen kann. Er kennt alle Strophen. Nach seiner Ansicht ist diese Art sich mitzuteilen von großer Bedeutung.

Er mag den Jazz des Klarinettisten Claude Luther, der hier an Bord der *Pen Duick* in Douarnenez beim Festival »Jazz en Baie« spielt (unten).

Mit den Kameraden des Jahrgangs 58 der École Navale, die sehr engen Kontakt untereinander gehalten haben, singt Éric hier im Mai 1998 aus Anlass der Hundertjahrfeier der *Pen Duick* in Bénodet. Von links nach rechts: Bertrand Desgrées du Lou, Dominique Sassy, Éric Tabarly, Christian Rouyer, Hubert Foillard, der die Noten hält, Gérard de Véricourt und Hubert de Lépinay (oben).

Éric singt aus voller Kehle bei einer Abendveranstaltung aus Anlass der Regatten des »Bois de la Chaize« in Noirmoutier, an denen er mit der *Pen Duick* im August 1994 teilgenommen hat (Mitte).

In den siebziger Jahren entdeckt Éric das Skifahren, dem er sich mit großem Eifer in den Alpen widmet. Von Argentière aus, wo er mehrere Monate im Jahr verbringt, läuft er auf den großen Pisten der Grands-Montets und im Montblanc-Gebiet. Zusammen mit den Bergführern nimmt er an dem traditionellen Wettbewerb zwischen Chamonix und Zermatt (Schweiz) teil.

Ein schöner Tag auf Skiern liegt vor ihnen... (rechts).

Auf Skiern mit Patrick Tabarly und Éric Loizeau (oben und links).

1

2

12

Mit seinem zweiten Sieg in der Transat 1976 geht Tabarly in die Geschichte des Segelsports ein und wird weithin bekannt:

1. Mit Jean-François Deniau auf der *Pen Duick* bei der Nioulargue.

2. Im Sommer 1968 in Saint-Tropez mit Alain Delon und Brigitte Bardot an Bord der *Raph*.

3. Drei volle Stunden lang kommentiert er im Fernsehen mit Alain Jérôme seinen Sieg für die Sendung »Les Dossiers de l'Écran«.

4. Seite an Seite mit seinen Freunden und Konkurrenten auf dem Wasser: François Boucher, Loïck Peyron, Marc Pajot, Florence Arthaud, Éric Loizeau, Bruno Peyron, Philippe Jeantot.

5. Mit Fürst Rainier und dessen Tochter Stéphanie bei der Classic Week in Monaco, an der er mit der *Pen Duick* 1997 teilnimmt.

11

9

10

3

4

6. Neben Florence Arthaud, der großen Gewinnerin der Route du Rhum 1990.

7. Mit dem König und der Königin von Belgien aus Anlass der Meldung der *Côte d'Or* für das Rennen um die Welt 1985.

8. Mit Keith Beken, dem Yachtfotografen in Cowes. Er fotografierte die *Pen Duick* seit 1960.

9. Admiral Philippe de Gaulle lässt es sich nicht nehmen, ihn zu seinem Abschneiden bei der Transat 1976 zu beglückwünschen.

10. Mit Patrick Poivre d'Arvor an Bord des Maxis *La Poste* in Auckland/Neuseeland.

11. Jean-Luc Lagardère überreicht ihm beim Sender »Europe 1« ein Modell der *Bluenose*.

12. Mit Jacques Chirac, dem französischen Präsidenten.

5

6

8

7

››Érics gerechter Zorn‹‹

» ›Es heißt, dass Sie regelmäßig Zornausbrüche kriegen,...‹ – unvergesslich die Verblüffung in den Augen Érics auf diese Frage eines Journalisten während der Monaco Classic Week – ›...wenn man Sie auf das Musée de la Marine anspricht.‹ Mit mühsam unterdrücktem Zorn sprudelt ein Wortschwall aus ihm heraus. Wenn ihm ein Thema am Herzen liegt, hört er nicht auf zu reden. Und dass es um ein Herzensanliegen geht, beweist er während des ganzen Wortwechsels. Auf die Nachricht von der drohenden Verlegung oder gar Schließung des Musée de la Marine reagiert Éric am 9. August 1996 mit einem dreiseitigen Brief. Er ist empört über die Unverfrorenheit, mit der vorgegangen wird, und sieht hier einen weiteren Beweis für den Mangel an Bewusstsein für alles, was die See betrifft, in einem unbelehrbaren Land von Landratten.

Entschlossen setzt er Himmel und Erde in Bewegung. Er geht an die Öffentlichkeit, nimmt alle Interviews wahr, sucht sie, provoziert sie sogar, überall, auf allen Kanälen, in allen Medien. Éric zählt weder Kilometer noch Chansons, noch Versammlungen. Unbeirrbar verkündet er seine einfache, einzigartige und ehrliche Botschaft: ›Man muss das Meer ins Bewusstsein der Franzosen rücken, damit sie seine strategische und wirtschaftliche Bedeutung begreifen. Eines der ganz wenigen pädagogischen Mittel, über die wir verfügen, ist dieses wunderbare Musée de la Marine, eines der schönsten der Welt, um nicht zu sagen: das schönste. Frankreich kann stolz darauf sein. Wir müssen die Öffentlichkeit mobilisieren.‹

Er stellt sich an die Spitze des Komitees zur Unterstützung des Musée de la Marine, schreibt an den französischen Präsidenten und droht, Proteste zu veranlassen. ›Selbst wenn man nur ein Wassertropfen ist, wenn meine bescheidene Meinung irgendwas bewirken kann...‹ Tatsächlich war dieses ›Nein‹ wie eine Flutwelle, die jeden Versuch einer Diskussion über die Schließung und alle Umzugsgelüste fortschwemmte. Höheren Ortes nahm man seine Androhung von Protesten sehr ernst. Auch daran kann man das Gewicht seiner Worte ermessen.

Das Musée de la Marine ist voller Trauer. Es hat seinen besten Fürsprecher verloren; durch ihn aber ist es jetzt unverwundbar.«

Sylvie David-Rivérieulx
Leiterin der Öffentlichkeitsarbeit des Musée de la Marine
»Hommage à Éric Tabarly«
»Voiles et Voiliers«, August 1998.

Schon immer begeistern Tabarly die Großsegler. Mit den Kadetten des russischen Schulschiffs *Sedov* stellt er sich zum Foto aus Anlass einer Segelreise von Rostock zu den Färöern 1994 (oben).

Éric im Netz des Klüverbaums der *Sedov* (rechts).

Die Viermastbark *Sedov* unter Segeln (links).

Éric Tabarly vor dem Gemälde von Eugène Isabey »Seeschlacht vor Texel« im Musée de la Marine (linke Seite oben).

Im Gespräch mit Gérard d'Aboville, dem Präsidenten des Conseil Supérieur de la Navigation de Plaisance, der, wie Éric, Mitglied im Verwaltungsrat des Musée de la Marine ist (linke Seite unten).

Éric, der sich immer körperlich fit gehalten hat, ist beim Wriggen sehr stark. Hier tritt er 1984 bei der traditionellen Regatta in La Trinité gegen die Mitglieder seiner Crew an. Die kraftvolle, konzentrierte Bewegung zeigt, wie siegeshungrig dieser bretonische Seemann ist (oben).

» Éric ist… «

»Éric ist das Herz der Pen Duick.
Éric, das ist ein stilles Lächeln, nicht stumm, aber warum soll man sprechen, wenn man sich auch so versteht?
Éric ist ein Löwe mit Segeln.
Éric ist der Herr der Weite.
Éric ist ein Allerweltskerl, der Dinge tut, die sonst niemand tut.
Éric ist schlicht und einfach.
Éric ist einer von denen, die mehr sagen, wenn sie die Dinge tun, als wenn sie sie erklären.
Éric ist: Wer mich mag, soll mir folgen.
Éric ist so vieles, dass jeder glaubt, er gehöre ihm ein bisschen.
Éric ist sehr redselig, wenn man nicht so dumm ist, ihm Fragen zu stellen, auf die er mit ›ja‹, ›nein‹ oder ›hm‹ antworten kann.
Éric ist glaubhaft, ganz einfach, weil er Unmögliches wahrgemacht hat.
Éric, das ist er vor vielen Jahren nach der Rückkehr von der Regatta Cowes – Dinard an einem mit Flaschen bedeckten Tisch, zusammen mit Marin-Marie und einer ganzen Ladung von ›Baronen der Schoten‹ und ›Grafen der Reling‹. Ein Mittagessen unter dem Wind von Gottvater, wie ein Stück aus dem unendlichen Paradies, und seine Mannschaft kommentiert bis zum Abend Kapitel aus einem Handbuch für Segelsport, die sie gerade selbst durchlebt haben.
Éric ist eine Spur im Schnee der Grands-Montets, der niemand zu folgen vermag.
Éric ist das Gegenteil von Intrige und unehrlichen Machenschaften, das Gegenteil eines Politikers.
Éric ist Sicherheit und der Beweis dafür.
Éric ist ebenso Châteauneuf-du-Pape wie Sardinen aus der Büchse.
Éric ist eine Bark aus Granit, die zuviel Segel gesetzt hat.
Éric, dem bin ich böse, weil er uns einen eigenartigen Streich gespielt hat, das ist überhaupt nicht komisch, und weil er gestandene Seeleute dazu bringt, in ihre Mützen zu heulen.
Éric ist, und ich sage mit Absicht ›ist‹, denn wir wissen alle, dass Seeleute nicht sterben. An einem Tag, der uns mit Trauer erfüllt, verschwinden sie und segeln in den Wolken weiter. Und darum bleibt Éric für immer Éric.«

Marc Berthier
Marinemaler
»Hommage à Éric Tabarly«
»Voiles et Voiliers«, August 1998.

Pen Duick, die »Kohlmeise«, unter Segeln. Details von Deck und Einrichtung. Aquarell und Zeichnungen von Marc Berthier (oben).

In den neunziger Jahren verbringt Éric Stunden mit der Pflege seiner geliebten *Pen Duick*. »Sie war noch nie so schön«, sagt er bei der Hundertjahrfeier seines Bootes.

Mit dem treuen Victor Tonnerre birgt er die Segel an Deck (oben).

Bei der geduldigen und mühsamen Arbeit des Spleißens (rechts).

Mit Jérôme Boyer, dem unvergleichlichen Mannschaftskameraden, der aus Bénodet stammt (unten).

Dieses Bild gibt einen guten Eindruck von der Erscheinung des alten Gaffelkutters, wenn er mit einer guten Brise läuft. Die *Pen Duick* hat ihre riesige Ballonfock gesetzt, der an der Nock des Klüverbaums angeschlagen und weit nach achtern beigeholt ist (rechte Seite).

››Érics letzte Lektion‹‹

»Die alten Ruderpinnen passen besser zu ihm als Steuerräder. Er stemmt seine Beine gegen die Cockpitbank in Lee. Mit einer Handbewegung an der Pinne entscheidet er, ob der Wind die Segel blähen oder ob er hoch an den Wind gehen soll. Er schaut zu, wie der Bug das Wasser zerschneidet, wie die See von der Fock tropft, wie das Achterschiff durch die kochende Gischt fährt und die so geliebte Spur zeichnet, die sich nach wenigen Wirbeln verliert wie die schönsten Augenblicke des Lebens.

Wie viel tausend Stunden Tabarly wohl vor diesem Schauspiel verbracht hat? Er hatte kein Ohr für Prahler und Nervensägen und nur Augen für die Schönheit der ersten *Pen Duick*, wie sie so wunderbar im grünen Wasser lag. Der Nacken mit den eines Kunstturners würdigen Muskeln, das Kinn, wie das von Popeye über einem kratzenden Pullover: So begegnete man Éric und applaudierte ihm – erstaunlich, diese dankbaren Bravorufe, die ganz spontan von den unterwegs getroffenen Booten herüberschallten. Und so segelt er weiter in unserer Erinnerung.

Wir überlegten in den sechziger Jahren nicht lange und hielten Tabarly für einen Feind alles Schönen. Wenn die *Pen Duick II* und *III* wie rußgeschwärzte Lokomotiven aussahen, wenn die gigantischen Mehrrumpfboote vor Reklame starrten, dann geschah das den Vermessungsformeln und den Finanzen zuliebe. Dank dieser bunten Prototypen hat die Heimat von Jules Verne und der Korsaren die britischen Rennsegler entthront und angeknüpft an jene Berufung, die ihr durch ihre 6000 km langen herrlichen Küsten, durch ihre Helden, ihre Abenteurer und ihre Träumer vorgezeichnet war. Leute wie Gerbault und Moitessier versuchten, in der Einsamkeit der Meere ihren Lebensüberdruss zu bekämpfen. Éric schuf ganz allein die Legende vom siegenden Tüftler. Als sein Haar grau wurde, als der schweigende Held zum rätselhaften ›Opa‹ geworden war, da begriff man, dass der Liebhaber der ersten ›Kohlmeise‹ nichts so sehr liebte wie die schlanken Schiffskörper, mit Planken belegte Decks, mit einer Takelage, die den Sepia-Fotos von Beken würdig sind, den Geruch nach frischem Lack und nach Teer. Schließlich konnte dieser Mann voller Instinkt und Intuition segeln wie es ihm gefiel, auf die alte Art, nach dem Gefühl und dem eigenen Urteil, ohne Heckkorb, der seinen hundertjährigen Renner verunziert hätte. Der Motor reichte gerade aus, um beim Anlegen zu manövrieren und die Batterie zu laden. Und gerade wegen dieser Einfachheit ist er zum Vorreiter des technischen Fortschritts unseres Jahrhunderts geworden, wegen seiner Fähigkeit, von seiner Koje aus unnormale Geräusche zu lokalisieren und die Position allein aus der Farbe der Wellen bestimmen zu können.

Wir hätten keinen Grund, die ›grausame‹ See zu verurteilen, wenn Éric sich nicht zu sehr auf sein Können und seine Beweglichkeit verlassen hätte, wenn er sich festgemacht und eine der Rettungswesten getragen hätte, die die alten Matrosenjacken abgelöst haben, die ausgestattet sind mit Sicherheitsgurten, Aufblas-Automatik und einem Licht; wenn seine Mannschaft über ein GPS-Gerät verfügt oder dessen Bedienung beherrscht hätte, das automatisch die Position eines über Bord gefallenen Menschen mitteilt. Ins Meer geschleudert zu werden durch die Gaffeltakelung, auf die er beim Kreuzen auf dem Odet so stolz gewesen war, das ist fast so, als würde man vom eigenen Hund gebissen.

Es gibt nicht mehr dumme als intelligente Arten, zu Tode zu kommen, aber dieser Unfall vor der walisischen Küste kann uns lehren, vorsichtig zu sein. Wenn sogar Tabarly auf seinem Deckshaus das Gleichgewicht verloren hat, welcher Freizeitsegler würde behaupten, einer von irgendwoher kommenden Woge trotzen zu können? Jedes Mal, wenn wir bei einer Bö die Segel verkleinern, sollten wir daran denken, wie die Freude am Leben auf See auf schreckliche Weise am 12. Juni 1998 mitten in der Nacht erlosch.

Und wir werden Éric wiedersehen, wie er ganz oben auf dem ranken schwarzen Rumpf seines Bootes steht, mit vom Glück geblähten Segeln.«

Bertrand Poirot-Delpech von der Académie Française
»La dernière leçon d' Éric«
»Le Monde«, Mittwoch, 17. Juni 1998.

La Trinité: Die Mannschaft der *Pen Duick* hat gerade unter den Augen der Jury des Manöver-Wettbewerbs vom 15. August eine gekonnte Aufnahme des Mooringgeschirrs ausgeführt (links).

Bertrand Poirot-Delpech mit Éric, Jacqueline Tabarly und Marie-Brigitte Plisson aus Anlass der Übergabe des »Épée d'Académicien« an Jean-François Deniau (linke Seite oben).

Pen Duick mit »vom Glück geblähten Segeln« (linke Seite unten).

Bei der Nioulargue vor Saint-Tropez. Ein wichtiger Augenblick: Der Mann rechts drückt einige Minuten vor dem Start die Stoppuhr, während Jérôme Boyer vor Éric wortreich einen hervorragenden Châteauneuf-du-Pape rühmt (links Mitte).

Diese Stelle des Rumpfes ist unerreichbar, wenn das Boot im Schuppen liegt. Ein Kran hat die *Pen Duick* angehoben, um sie zu Wasser zu lassen. Auf diesen Moment hat Éric gewartet, um die letzten kleinen Malarbeiten auszuführen (links unten).

Allein und ungestört unter Deck des Kutters, geschützt vor der heißen Mittagssonne (oben).

Es weht mit mehr als 30 Knoten. Während eines Törns von La Trinité nach Bénodet wurde der Zwischenstopp bei der Ile de Groix genutzt, um das Großsegel zu bergen und für die Weiterfahrt das kleine Sturmsegel zu setzen (unten).

Ende Mai 1998 wurde der Geburtstag der ersten *Pen Duick* drei Tage lang gefeiert. Zur Hundertjahrfeier des Bootes organisierte Jacqueline Tabarly allerlei Festlichkeiten zu Wasser und zu Lande. Acht Yachten vom Beginn des Jahrhunderts, alle vom Zeichenbrett des großen William Fife, kamen zu Ehren ihres Vetters *Pen Duick* (rechte Seite unten).

Höhepunkt dieses einzigartigen Festes war die Fahrt flussaufwärts zwischen den grünen Uferböschungen des Odet. Unter den neuen makellos weißen Segeln, die ein Verehrer gestiftet hatte, befuhr das Boot den Fluss in beiden Richtungen. In die Freudenrufe der

Menge unterwegs mischte sich der Klang von Jagdhörnern. Selten hat man Éric so glücklich gesehen wie hier, inmitten seiner Familie, begeistert von der Schönheit seines alten Schiffes (großes Foto oben).

Die *Pen Duick II* und *VI* geleiten ihren Urahn den Odet hinab (rechts oben).

Éric schlägt das brandneue Großsegel an, während das Boot vor Anker liegt (Mitte).

Wie am ersten Tag sitzen die Freunde um den berühmten Steuermann herum (linke Seite).

»Diese lähmende Stille…«

»Wie bedeutend ein Mensch war, spürt man an der Leere, die er hinterlässt. Die stille und anonyme Trauer all jener, die Éric bei seinem Verschwinden verwaist zurückließ, wiegt schwerer als sämtliche pompösen Nachrufe, die großen Persönlichkeiten gewidmet werden. Es ist nicht übertrieben, wenn man sagt, dass Éric seinen Freunden auf der ganzen Welt fehlen wird. Er sagte nur das Notwendigste, aber niemand formulierte das so treffend wie er.
Wenn wir von nun an im Zusammenhang mit unser aller Begeisterung für die See irgendeine Frage haben, und wenn wir voller Freude auf eine reiflich überlegte, sachkundige Antwort warten, wie sollen wir uns dann mit dieser lähmenden Stille abfinden?«

Paul Guimard
»Le Point«, 20. Juni 1998.

Der Ankerplatz der *Pen Duick* auf dem Odet nahe am Haus »Kerlaiguer« in Gouesnac'h. An dieser zauberhaften Stelle verweilt Éric gerne, bevor er ins Haus zurückkehrt. Obwohl die *Pen Duick* fest vor Anker liegt, scheint sie der Strömung zu folgen. Ihr schöner Rumpf teilt einen Teppich von rötlichen Blättern auf dem Wasser, die von den Esskastanien gefallen sind (oben).

Éric und Marie stehen auf dem Ponton und betrachten den alten Kutter vor Anker (links).

Das speziell für Éric bei der Werft Labbé gebaute Dory erlaubt es ihm, aufs Wasser zu gehen, wann er will, um Material aufs Schiff zu bringen (rechte Seite unten).

Am 11. Juni 1998 gegen Abend kam Éric und betrachtete vom mächtigen, tausende von Jahren alten Felsen von Land's End aus das Meer. Am nächsten Tag startete er mit der *Pen Duick* in Richtung Schottland. Dieses ist das letzte Foto, das von ihm gemacht wurde (folgende Seite).

Ohne ihn segelt die *Pen Duick* im Gegenlicht weiter (rechte Seite).

››Mein Mann liebte Frankreich, das Meer und die Schiffe.‹‹

»Es ist nicht üblich, dass Frauen das Wort ergreifen. Eigentlich wollte ich nichts sagen, aber er drängt mich dazu. Ich will also die Stimme meines Mannes sein, um Ihnen zwei Botschaften zu übermitteln.

Zunächst: Das Meer ist nicht bösartig – es hat ihn genommen, aber nicht gestohlen. Es bot ihm nur die Möglichkeit, ins Haus des Vaters zurückzukehren. Es ist der Schoß, in den er wieder eingegangen ist. Das Meer ist nicht bösartig, es spendet Leben.

Mein Mann liebte Frankreich, das Meer und die Schiffe leidenschaftlich und von ganzem Herzen. Er war sehr stolz darauf, dass er in der Marine, die seine zweite Familie war, Frankreich, dem Meer und den Schiffen gedient hatte. Aber weil er Frankreich, das Meer und die Schiffe so sehr liebte, gab es einiges, was mein Mann bedauerte. Er sagte oft, wie sehr es ihn störe, dass die Franzosen das Meer nur im Zusammenhang mit den Badestränden und Fischmahlzeiten schätzen – und auch wegen der Spielzeugschiffchen. ›Das ist doch nicht das Meer‹, sagte er zu mir. ›Aus dem Meer kommen Leben, Macht und Kraft, es verbindet die Menschen. Frankreich war nie so groß, wie in den Zeiten, als seine Kriegs- und Handelsschiffe die Meere befuhren und die Nation eine derartige Ausstrahlung hatte. Aber das ist lange her. Seit zu langer Zeit haben die Männer, die uns regieren, wer sie auch sein mögen, dem Meer den Rücken gekehrt. Die Franzosen sind erdverbunden. Dabei besitzen sie Küsten und Schiffe!‹

Da er außerdem überzeugter Europäer war, sagte er: ›Frankreich hat in Europa eine Rolle zu spielen. Allein vermag es nichts, aber es kann zusammen mit den anderen Ländern Europa bauen, indem es diesem Europa seine Gewässer und die Schifffahrt zur Verfügung stellt.‹ Sie, die Sie an ihn geglaubt haben, die Sie ihm gefolgt sind, die Sie wussten, dass er wenig Worte machte, dass er sich nie widersprochen, nie gelogen hat, dass er immer der Mann war, für den Sie ihn hielten, und das auch bleiben wird – hören Sie, was er Ihnen zu sagen hatte. Er liebte Frankreich, er liebte das Meer, und er liebte die Schiffe, die Frankreich, das Meer und die Menschen miteinander verbinden.

Ich kann nicht so gut reden und Ihnen das alles erklären. Für ihn hatte Frankreich in der Welt, die vor uns liegt, eine Rolle zu spielen, und zwar durch das Meer und die Marine.

Ich habe hier für ihn gesprochen, laut und deutlich.«

Jacqueline Tabarly
Lanvéoc-Poulmic,
21. Juni 1998.

Biographie

1931 Geburt am 24. Juli in Nantes.

1938 Guy Tabarly kauft nach der *Annie* von der Familie Lebec die *Pen Duick*, einen 1898 in Irland gebauten, von William Fife III. entworfenen, 15 m langen Kutter.

1939 Die *Pen Duick* wird für die Dauer des Krieges abgetakelt und in der Nähe von Bénodet aufgelegt.

1943 Éric auf dem Gymnasium Saint-Charles in Saint-Brieuc.

1946 *Pen Duick* wieder unter Segeln.

1947 Einige Törns vor dem Beginn der notwendigen Arbeiten.

1952 Guy Tabarly schenkt Éric die *Pen Duick.*

1953 Verpflichtung als Marineflieger. Ausbildungszentrum Hourtin. Stationierung auf der Basis Saint-Mandrier, dann in Marokko. Ausbildung zum Piloten in Khouribga, dann in Agadir.

1954 Piloten-Diplom für mehrmotorige Flugzeuge. Er wird Fähnrich zur See.

1955 Ein Jahr in Saigon.

1956 Vorbereitung in Brest auf die École Navale. Ein Jahr in Lann-Bihoué bei Lorient.

1958 Zweite Aufnahmeprüfung für die École Navale. Zulassung zur École Navale im Oktober. Baubeginn eines neuen Rumpfes aus Polyester für die *Pen Duick* in La Trinité.

1959 Erstes Jahr auf der École Navale.

1960 Zweites Jahr auf der École Navale. Regatten mit der *Pen Duick* auf der Reede vor Brest und beim RORC Channel Race und Cowes – La Coruña.

1961 Weltreise auf dem Schulschiff *Jeanne d'Arc.* Dienst auf dem Minensucher *Castor* in Cherbourg.

1962 In einer nautischen Zeitschrift liest Éric die Ankündigung der Transat 1964. Die *Pen Duick* wird in La Trinité aufgelegt, um erst 1989 wieder zu segeln.

1963 Im März Versetzung nach Lorient. Erstes Kommando auf *Édic L9092.* Zur Vorbereitung des Einhand-Atlantikrennens OSTAR segelt er mit einer Slup vom Typ »Tarann«.

1964 Gewinn des OSTAR Race mit der *Pen Duick II.* Spezialausbildung bei der Marineinfanterie in Lorient. Verleihung des Kreuzes eines Ritters der Ehrenlegion. RORC-Regatta nach Lequeitio in Spanien und zurück nach La Trinité.

1965 Ernennung zum Offizier der Marineinfantrie. RORC-Rennen mit der *Pen Duick II.*

1966 Außerplanmäßige Stelle im Ministerium für Jugend und Sport. Am 1. Oktober Beförderung zum Kapitänleutnant. Auf dem Weg nach New York überquert er allein den Atlantik. Fünfter im Bermuda-Rennen mit der *Pen Duick II.* Aufgabe der Transat auf der Rückreise beim Zwischenstopp in Saint-Pierre-et-Miquelon (südlich Neufundland).

1967 Verkauf der *Pen Duick II* an die École Navale de Voile in Quiberon. Sieben Siege mit der *Pen Duick III* bei RORC-Rennen und schließlich bei der Regatta Sydney – Hobart (1967/68).

1968 Rückkehr zur Marine. Am 11. Mai läuft die *Pen Duick IV* vom Stapel. Aufgabe des OSTAR Race nach dem Zusammenstoß mit einem Handelsschiff und dem Ausfall der Selbststeueranlage.

1969 Atlantiküberquerung mit der *Pen Duick IV* auf dem Weg nach San Francisco. Rekordzeit von 10 Tagen 13 Stunden im Rennen Kanarische Inseln – Kleine Antillen. Rekord außerhalb eines Rennens für die Strecke San Francisco – Honolulu mit der *Pen Duick IV.* Sieg als Einhandsegler im Transpazifik-Rennen (San Francisco – Tokio) mit der *Pen Duick V.* Verkauf der *Pen Duick IV* an Alain Colas, der sie nach Frankreich zurücksegelt.

1970 San Pedro (Los Angeles) – Tahiti mit der *Pen Duick III.*

1971 Berufung in die Aufsichtsbehörde für Körpererziehung und Sport. Regatta Kapstadt – Rio mit der *Pen Duick III* und zurück nach Frankreich durch die Karibik. RORC-Rennen Falmouth – Gibraltar und Middle Sea Race.

1972 Atlantiküberquerung mit der *Pen Duick III* zur Teilnahme an der SORC (Southern Ocean Racing Conference) in Florida. Gewinn der Regatta San Pedro (Los Angeles) – Tahiti mit der *Pen Duick III.*

1973 Stapellauf der *Pen Duick VI* in Brest. Teilnahme am ersten Whitbread Race. Zweimal Mastbruch in Atlantik und Pazifik. Rückkehr nach Brest um Kap Hoorn.

1974 Dritter Platz mit der *Pen Duick VI* im Bermuda-Rennen. Gewinnt der Rücketappe nach Europa. Teilnahme an der RORC-Regatta nach Cork (Irland).

1975 RORC-Rennen mit der *Pen Duick VI,* darunter das Fastnet Race, Sieger in den Rennen Plymouth – La Rochelle, La Rochelle – La Trinité, La Trinité – Bénodet. Atlantische Dreiecksregatta: Saint-Malo – Kapstadt – Rio – Portsmouth. Sieger nach berechneter Zeit.

1976 Gewinn des OSTAR Race einhand mit der *Pen Duick VI* in 23 Tagen und 20 Stunden. Ernennung zum Offizier der Ehrenlegion.

1977 Verbot der Teilnahme an der Regatta San Pedro (Los Angeles) – Tahiti unter dem Vorwand, der Kiel enthalte Uran. Stößt in Auckland zum Whitbread Race. Auckland – Rio; die *Pen Duick VI* wartet auf eine Entscheidung nach der Vermessung, sie wird rückwirkend neu eingestuft.

1979 Am 3. Mai Stapellauf der *Paul Ricard.* Zweiter Platz in der Transat en Double mit Marc Pajot. Die *Paul Ricard* beendet das Rennen in Lorient mit 5 Minuten 42 Sekunden hinter der Siegeryacht *VSD.*

1980 Nach einem Skiunfall mit Schulterverletzung überlässt Tabarly in der fünften Transat Pajot das Ruder der *Paul Ricard.* Atlantikrekord mit der *Paul Ricard* (10 Tage, 5 Stunden, 14 Minuten).

1981 Die *Paul Ricard* gibt im Zweimann-Transatlantik-Rennen (Éric und Patrick) auf. Für das Whitbread-Rennen wird die *Pen Duick VI* in *Euromarché* umgetauft.

1982 Beförderung zum Fregattenkapitän. Aufgabe bei der Route du Rhum.

1983 Am 5. August verlässt die *Pen Duick* Crouesty im Schlepp der *Pen Duick VI* zur Renovierung auf der Werft Labbé in Saint-Malo. Teilnahme an der Transat en Double mit Patrick Tabarly mit der *Paul Ricard.* Aufgabe nach Havarie.

1984 Im Mai Hochzeit mit Jacqueline. Dritter Platz im Observer/Europe 1 Single-handed Transatlantic Race mit der *Paul Ricard.* Geburt seiner Tochter Marie.

1985 Start beim Witbread Race mit der *Côte d'Or.* Im Alter von 54 Jahren wird Éric als Reserveoffizier verabschiedet.

1986 Aufgabe bei der Route du Rhum mit der *Côte d'Or II* nach dem Bruch des Backbord-Schwimmauslegers.

1987 *Côte d'Or:* Zweiter in der Transat en Double Lorient – Saint-Pierre-et-Miquelon – Lorient.
Côte d'Or II: Fünfter in der Regatta Course de l'Europe. Kentert mit Patrick Tabarly während der Rennens La Baule – Dakar.

1988 Am 1. August Beförderung zum Kapitän zur See der Reserve.

1989 Aus Anlass der »Fêtes de la Liberté« in Rouen segelt die *Pen Duick* wieder. Transatlantikregatta Lorient – Saint-Barthélemy – Lorient mit Jean le Cam auf der *Bottin Entreprise.* Die *Bottin* kentert auf dem Rückweg von Saint-Barthélemy.

1993 Nimmt mit *La Poste* an den drei letzten Etappen des Whitbread Race teil.

1997 Gewinn der Transat Jacques Vabre für Einrumpf-Boote mit Yves Parlier auf der *Aquitaine Innovations.*

1998 22.–24. Mai: Festlichkeiten aus Anlass der Hunderjahrfeier der *Pen Duick* in Bénodet.
Verschollen in der Irischen See in der Nacht vom 12. zum 13. Juni. Posthum Ernennung zum Kommandeur der Ehrenlegion.

Regatten u

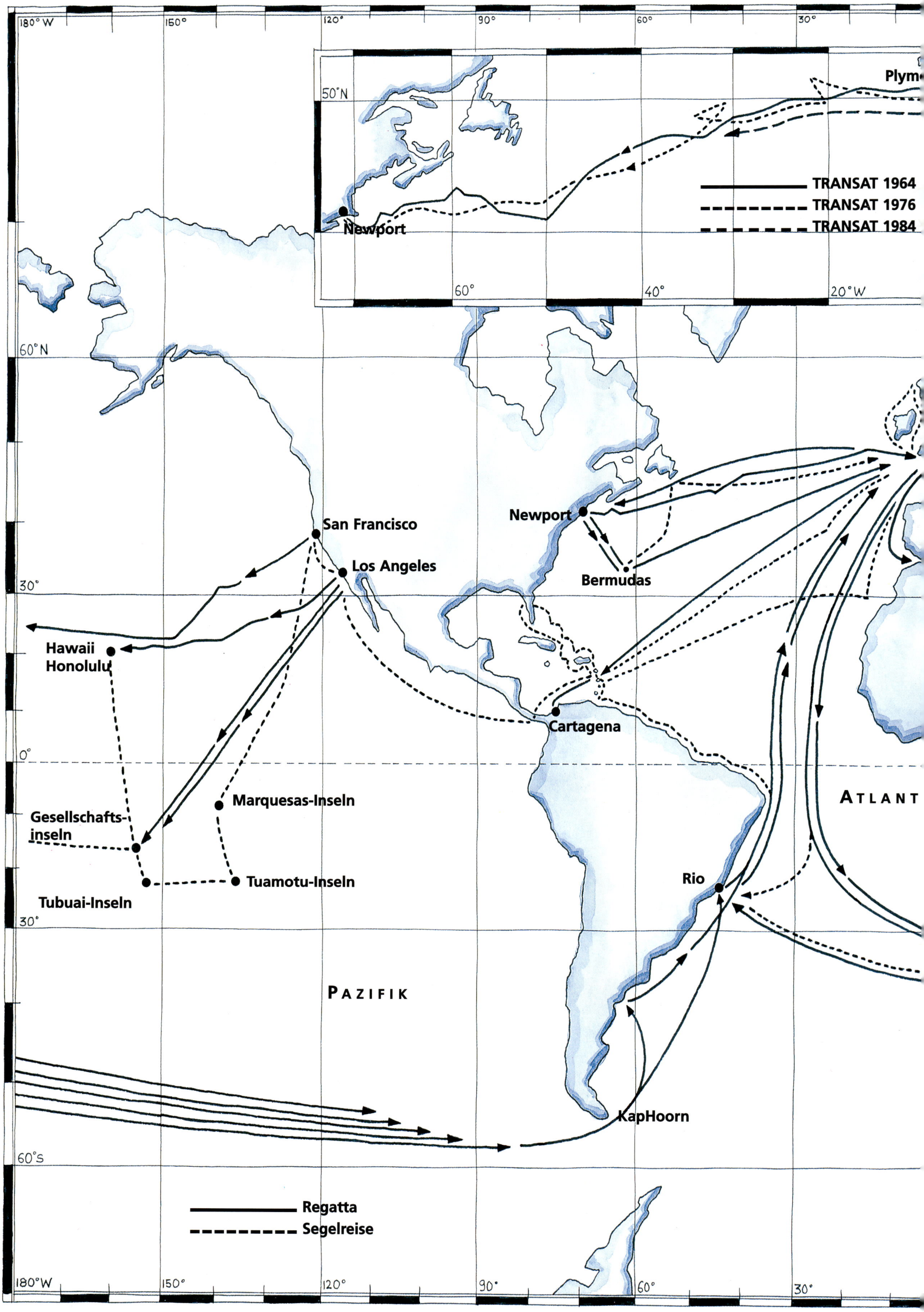

180° W
150°
120°
90°
60°
30°
50°N
Plym
TRANSAT 1964
TRANSAT 1976
TRANSAT 1984
Newport
60°
40°
20°W
60°N
Newport
San Francisco
Los Angeles
Bermudas
30°
Hawaii
Honolulu
Cartagena
0°
Marquesas-Inseln
Gesellschafts-inseln
Tuamotu-Inseln
Tubuai-Inseln
ATLANT
Rio
30°
PAZIFIK
KapHoorn
60°S
Regatta
Segelreise
180°W
150°
120°
90°
60°
30°

Reisen

30°
60°
90°
120°
150° E
Fastnet
Plymouth
Cowes
Scilly-Inseln
FASTNET-
REGATTA
Gotland
Tokio
INDISCHER OZEAN
Kapstadt
Kap der Guten
Hoffnung
Sydney
Auckland
Sydney
Hobart
0
1800 Seemeilen
60°
30°
0°
N. G. 99.

Die Yachten von Éric Tabarly i

Pen Duick

Design: William Fife III.
Gebaut 1898 auf der Werft
Gridiron & Workers, Carrigaloe
bei Cork, Irland
Kuttertakelung

Lüa: 15,05 m
LWL: 10 m
Büa: 3 m
Tiefgang: 2,20 m
Verdrängung: 10 t
Ballast: 6,5 t
Segelfläche: 160 m^2
Rumpfmaterial: Holz und GFK

Yum 1898

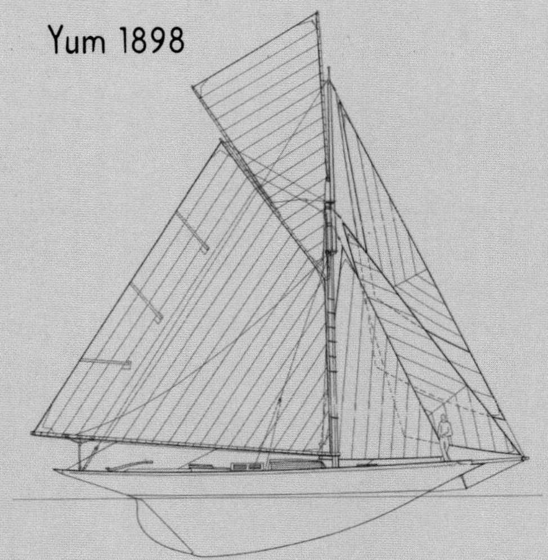

Pen Duick II

Design: Gilles Costantini
Gebaut 1964 auf der Werft
Costantini, La Trinité
Ketschtakelung für die OSTAR-
Transatlantikregatta

Lüa: 13,60 m
LWL: 10 m
Büa: 3,40 m
Tiefgang: 2,20 m
Verdrängung: 6,5 t
Ballast: 3,5 t
Segelfläche: 60 m^2
Rumpfmaterial: Sperrholz

Ketsch für die OSTAR-
Transatlantikregatta
1964

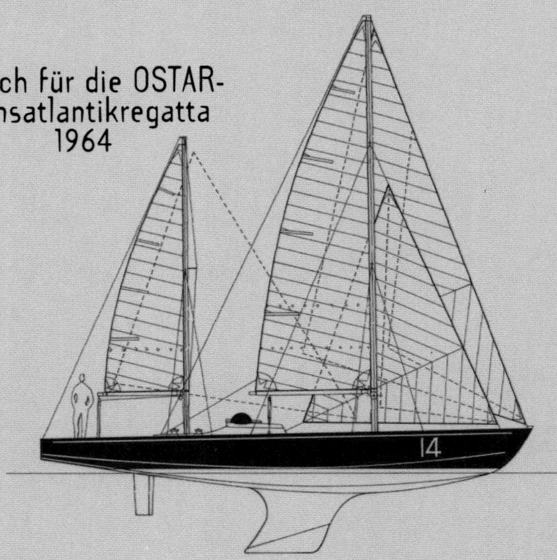

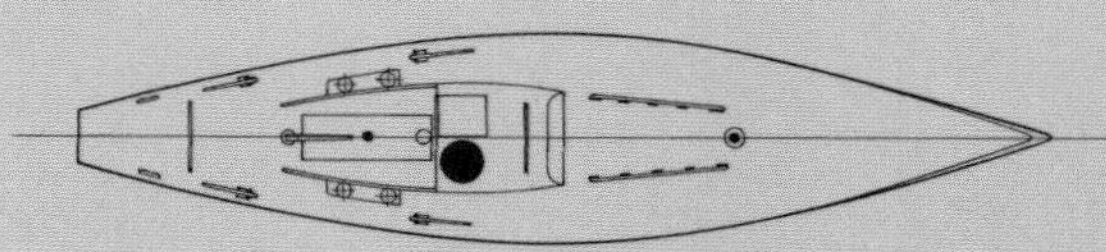

Pen Duick III

Design: Éric Tabarly
Gebaut 1967 auf der Werft
La Perrière, Lorient
Bermudaschoner

Lüa: 17,45 m
LWL: 13 m
Büa: 4,21 m
Tiefgang: 2,75 m
Verdrängung: 13,5 t
Ballast: 6,5 t
Segelfläche: 152 m^2
Rumpfmaterial: Duralinox (Aluminium)

Schoner für die
RORC-Regatten
1967

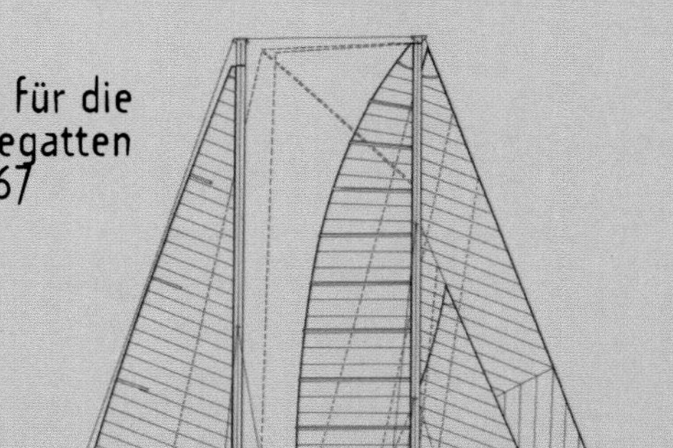

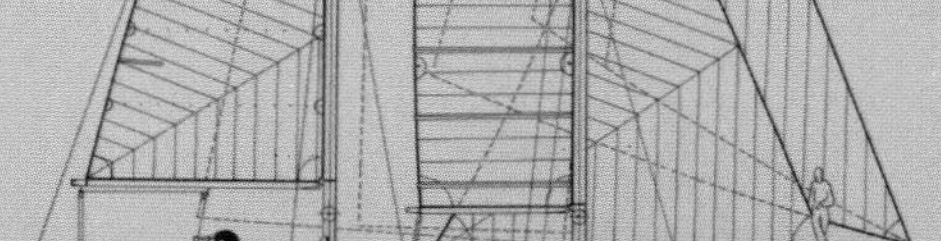

den verschiedenen Versionen

Pen Duick
(ex-Yum) 1989

Schoner für die
RORC-Regatten
1965

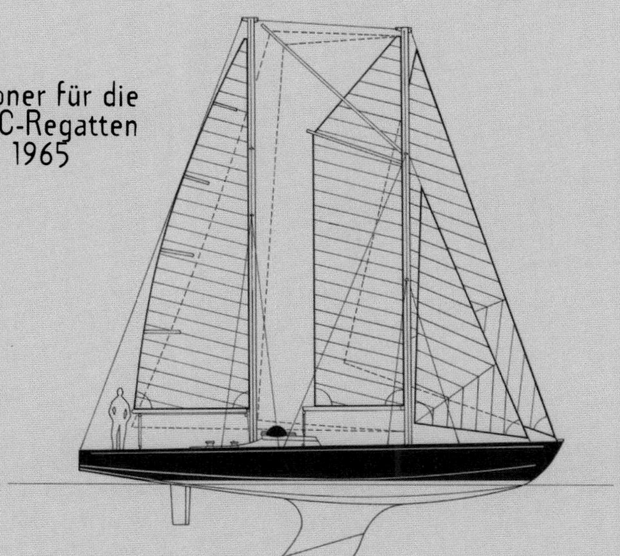

Ketsch für das
Bermuda Race
1966

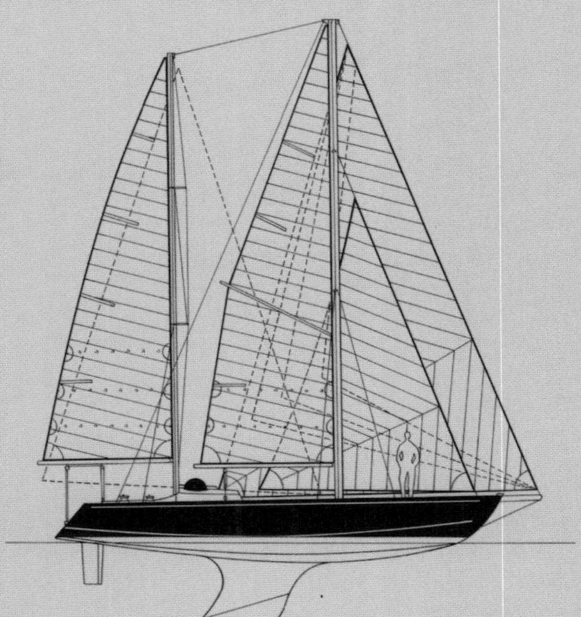

Ketsch für die
RORC-Regatten
1968

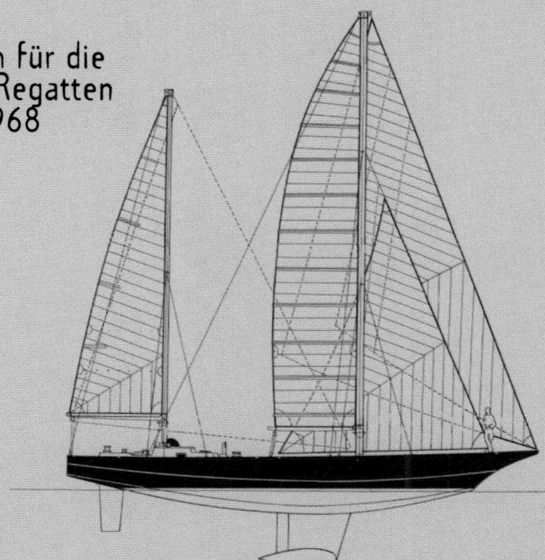

Slup für die
RORC-Regatten
1971

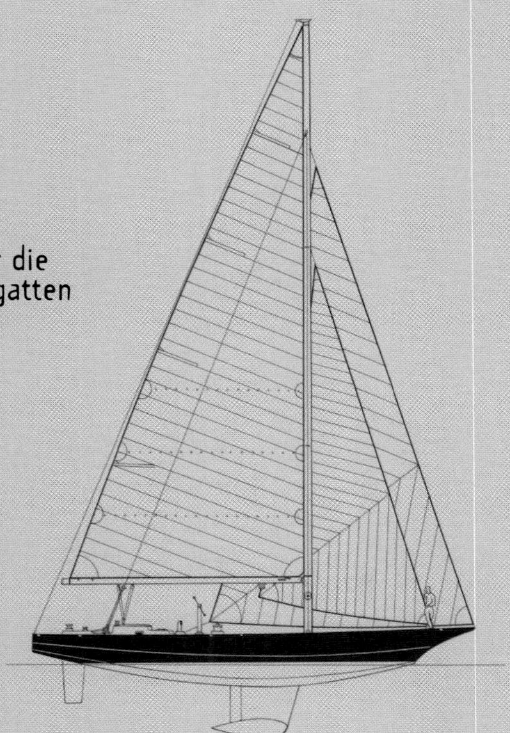

Pen Duick IV

Design: André Allègre
Gebaut 1968 auf der Werft
La Perrière, Lorient
Getakelt als Bemuda-Ketsch

Lüa: 20,80 m
LWL: 18,10 m
Büa: 10,70 m
Tiefgang: 2,40 m (Schwert abgesenkt)
0,80 m (Schwert aufgeholt)
Verdrängung: 8 t
Segelfläche: 107 m²
Rumpfmaterial: Duralinox (Aluminium)

Pen Duick VI

Design: André Mauric
Gebaut 1973
im Marinearsenal in Brest
Bermudaketsch

Lüa: 22,25 m
LWL: 18,80 m
Büa: 5,30 m
Tiefgang: 3,40 m
Verdrängung: 32 t
Ballast: 14,7 t
Segelfläche: 260 m²
Rumpfmaterial: Duralinox (Aluminium)

Pen Duick V

Design: Michel Bigoin und
Daniel Duvergiè
Gebaut 1968 auf der Werft
La Perrière, Lorient
Bermuda-Slup

Lüa: 10,67 m
LWL: 9,15 m
Büa: 3,50 m
Tiefgang: 2,30 m
Verdrängung: 3,2 t (Ballasttanks geleert)
3,7 t (Ballasttanks gefüllt)
Ballast: 400 kg
Segelfläche: 63 m²
Rumpfmaterial: Duralinox (Aluminium)

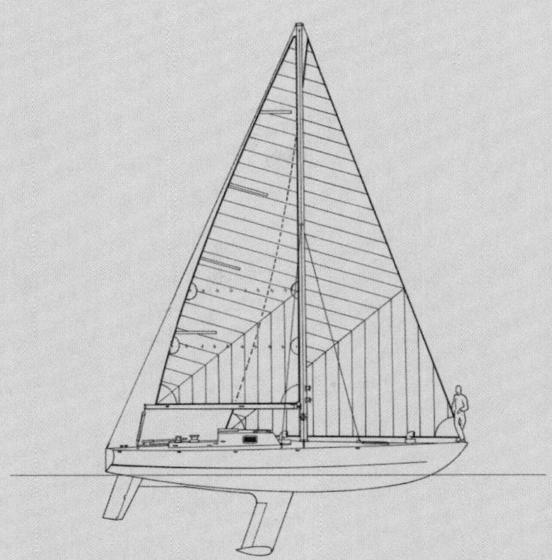

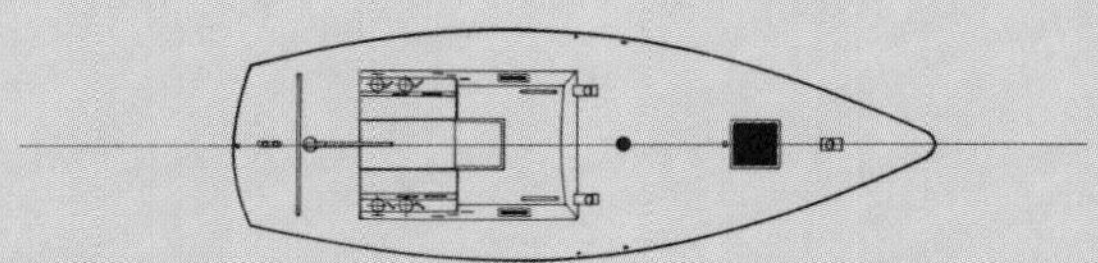

Version 2 für die
Transatlantik-Rekordfahrt
1980

Paul Ricard

Design: DCN, Brest / Alain de Bergh
und François Lefaudeux
Gebaut 1979 bei
Constructions Mécaniques de
Normandie

Lüa: 16,50 m
LWL: 13,90 m
Büa: 17 m
Verdrängung: 8 t
Tiefgang: 1,80 m
Masthöhe: 22 m
(Mastfläche: 21 m²)
Segelfläche: 144 m²
Rumpfmaterial: Aluminium AG4

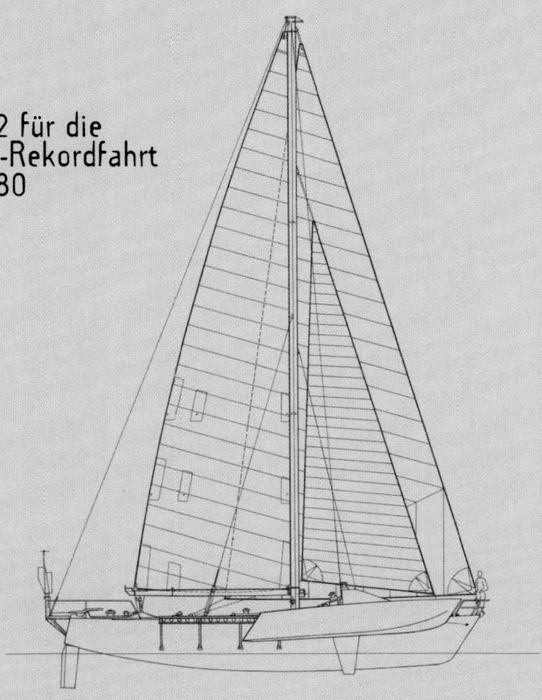

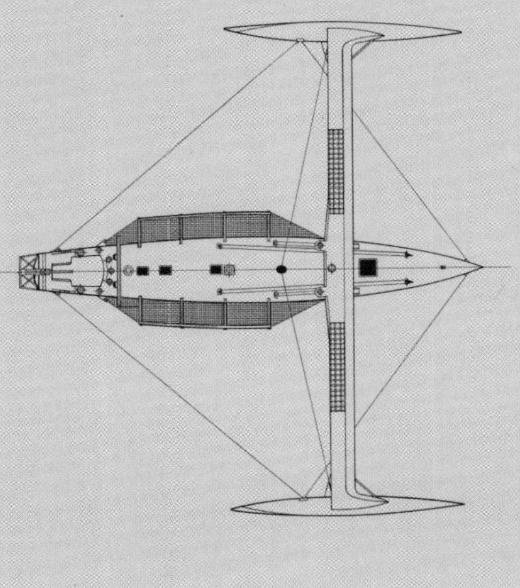

Bibliographie

Asaria, Gérald *Les héros solitaires de l'Atlantique*, Editions de Messine, 1976

Beken, Keith *Beken of Cowes, La Course*, Editions Arthaud/Neptune, 1975

Gilles, Daniel *La Transat, un océan d'exploits*, Editions Neptune/ Editions du Pen Duick, 1980

Gilles, Daniel *Éric Tabarly*, Editions du Pen Duick/ Editions Ouest France, 1990

Gilles, Daniel *Les coureurs du grand large*, Editions Neptune/EMOM, 1979

Gilles, Daniel und Erwan Quéméré, *Rêves de mer*, Editions Solar, 1998

Gliksman, Alain *La voile en solitaire*, EMOM, 1976

Hulot, Nicolas *Tabarly, 45 ans de défi*, PAC, 1976

Pernet, Gilles *Tabarly, une vie d'homme libre*, Editions Calmann-Lévy, 1977

Tabarly, Éric *Victoire en solitaire*, Editions Arthaud, 1964/1995 dt. *Einhand zum Sieg*, Delius Klasing Verlag, 1965

Tabarly, Éric *De Pen Duick en Pen Duick*, Editions Arthaud, 1970/1997

Tabarly, Éric *Pen Duick VI*, Editions du Pen Duick, 1977

Tabarly, Éric *Du tour du monde à la Transat*, Editions du Pen Duick, 1976

Tabarly, Éric *Guide pratique de la manœuvre*, Editions du Pen Duick, 1978

Tabarly, Éric *Embarque avec Éric Tabarly*, Editions du Pen Duick, 1982

Tabarly, Éric *Mes bateaux et moi*, Editions Galaxie-Hachette, 1976

Tabarly, Éric *Pen Duick*, Editions du Pen Duick Editions Ouest France, 1989

Tabarly, Éric *Mémoires du large*, Editions de Fallois, 1997

Tabarly, Éric und Michèle Lemaître, *L'Atlantique en 10 jours*, Editions du Pen Duick, 1981

Fotonachweis

AFP : S. 45, 143 (oben), 157, 180.
Gérald Asaria : S. 138 (Mitte), 140/141.
Revue « Bateaux »: S. 22 D.R. (oben + Mitte); 27 Roland de Greef (oben rechts); 31 R. de Greef; 34/35 Daniel Czap; 38 Didier Presles (links + oben), Denis de Lanoüe (unten links); 42, 50/51 Jacques Arthaud; 56 Olivier de Kersauson; 57 D.R. (unten); 58, 59 D. de Lanoüe (unten), 60 (unten); 65 D. de Lanoüe (rechts); 66/67 Jürgen Rohmer; 69 Antoine Sézérat; 70/71 O. de Kersauson; 74 Claude Huiverard; 76 Olivier Kuhn; 77 D. de Lanoüe; 78 D. de Lanoüe; 81 D. de Lanoüe (oben + unten); 85 Pierre Fouquin (oben links); 86 O. de Kersauson (links + unten); 88/89 O. de Kersauson; 90/91 (oben), 92/93 O. de Kersauson; 94 O. de Kersauson; 95 O. de Kersauson; 97 Pierre Fouquin (Mitte + unten); 98 D.R. (unten); 98/99 D. de Lanoüe; 100 O. de Kersauson; 101 O. de Kersauson; 102/103 O. de Kersauson; 104 O. de Kersauson; 105 O. de Kersauson (oben + links); 106 O. de Kersauson (links + unten rechts); 107 O. de Kersauson (unten); 108 O. de Kersauson; 109 Gilbert Le Cossec (oben + unten), 112 (oben Mitte, unten links); 112 Pierre Fouquin (Mitte rechts); 116 Francis Fréon; 118 Bernard Rubinstein (links); 121 D.R. (unten); 122 O. de Kersauson (links); 123 O. de Kersauson; 124 Bernard Rubinstein; 126 B. Rubinstein (links); 128/129 Luc Poupon; 131 F. Fréon (unten); 133, 134 O. de Kersauson (oben); 135 F. Fréon; 137 Jacques Robert (rechts); 138 Éric Guillemot (unten); 158 G. Le Cossec (unten rechts); 164 Patrick James (links).
Gérard Beauvais : S. 20.
Beken of Cowes : S. 8/9, 26, 28/29, 30, 36, 63, 79 (oben), 90 (unten), 99 (unten), 120, 121 (rechts), 144/145.
Marc Berthier : S. 211 (Aquarelle und Zeichnungen).
Laurent Célarié : S. 172 (unten).
Mario Colonel : S. 204/205.
DCAN Brest : S. 118/119 (oben).
Bertrand Desgrées du Lou : S. 19 (oben).
Bernard Deguy : S. 114/115, 126/127, 204 (unten).
DPPI : S. 176 Henri Thibault; 188/189 H. Thibault; 209 H. Thibault; 210 H. Thibault (oben); 217 Franco Pace (unten).
Christian Février : S. 6, 22 (links), 168/169 (oben), 177, 183 (unten), 206 (Nr. 12).
Hubert Foillard : S. 18, 197 (oben links).
France Soir : S. 82 Claude Champinot, 84/85 C. Champinot.
Gamma : S. 143 L. Maous (Mitte); 183 Thierry Rannou (Mitte); 206 Jean-Pierre Bonnette (Nr. 2); 207 Scorcelletti (Nr. 5); 208 Nicolas Le Corre (oben).
Daniel Gilles : S. 134 (unten), 215 (unten), 218 (links).
Grégoire Gilles : Zeichnungen S. 45 (unten), 79 (unten), 127 (unten), 165 (unten).
Nicolas Gilles : Karte S. 224/225, Risse S. 226/227, 228/229.
Pierre Gilles : S. 27 (unten), 62 (unten).
Alain Gliksman : S. 40 (oben links), 62 (oben), 64/65, 113.
Denis Gliksman : S. 138 (oben links).
GLMR : S. 184 Cathérine Cabrol (links).
Jours de France : S. 192 Christian Boyer; 207 C. Boyer (Nr. 4).
Keystone/Sygma : S. 44.
Titouan Lamazou : S. 130, 147, 148/149.
Jean-Marie Liot : S. 4.
Marine nationale/Sirpa Mer: S. 72.
Gilles Martin Raget : S. 1, 212 (Mitte + unten), 213, 214 (unten), 217 (unten + Mitte rechts).
Thierry Martinez : S. 186/187, 206 (Nr. 10).
News/Brüssel : S. 207 (Nr. 7).
The Observer : S. 40 (Mitte + oben rechts), 41; 96 Chris Smith.
Paris Match : S. 43 Slade (links) und Patrick Jarnoux (unten); 46 Letellier (oben + rechts); 47 Slade; 48 Slade; 49 Slade; 52 Slade; 57 Letellier (oben); 60 (rechts), 83 Jean-Pierre Biot; 84 J.P. Biot (oben); 85 J.P. Biot (oben rechts); 107 O. de Kersauson (oben rechts), 132 (oben), 138 (rechts).
Gérard Petipas : S. 38 (oben), 65 (unten), 66 (links), 74, 75 (oben), 77 (links), 79 (links), 119 (unten).
Marc Pinta : S. 146 (unten).
Guillaume Plisson : S. 170/171.
Philip Plisson : S. 68/69, 91 (rechts), 63, 163, 166 (unten), 173, 178/179, 182, 184/185, 206 (Nr. 1), 210 (oben + unten

rechts), 212 (oben links), 214 (oben), 215 (oben + rechts), 217/218, 221.
Philippe Poupon : S. 132 (oben links).
Erwan Quéméré : S. 80, 81 (rechts), 97 (oben), 110/111, 161 (oben), 183 (oben), 193, 215 (links + Mitte links), 216/217, 222.
Thierry Rannou : S. 190/191.
Rue des Archives : S. 53, 60 (oben), 61, 112 (oben).
Gérard Schachmes/SAM : S. 159.
Sea & See : S. 48/49 (Bildmontage), 91 F. Fréon (unten); 106 O. de Kersauson (Mitte + oben rechts); 109 C. Février (rechts); 121 C. Février (oben); 131 F. Fréon (oben); 132 F. Fréon (unten); 138 Éric Guillemot (oben rechts); 160 E. Guillemot; 172 Oliver Chapuis (Mitte); 174/175 Daniel Allisy; 178 Nicolas Le Corre (links); 184 Daniel Forster (unten); 187 Carlo Borlenghi (unten).
Sipa Press : S. 43 Apesteguy (oben rechts); 46 D.R. (unten); 60 Dalmas (Mitte); 142 Mete (unten rechts); 146 Dalmas (oben); 150/151 Dominique Pipat; 151 Alastair Black (Mitte rechts); 195 William Abenhaim (unten); 207 Jeanneau (Nr. 3).
Société du Pen Duick/Sygma : S. 156.
Sygma : Titelfoto Jean-Pierre Laffont; 117 J. P. Laffont; 118 Jean Guichard (Mitte); 122 O. de Kersauson (unten + oben rechts) und D.R.; 125 O. de Kersauson (oben rechts); Andanson (unten + oben links); 132 O. de Kersauson (Mitte + rechts); 136/137 D.R.; 137 J. Guichard (unten); 139 J.P. Laffont; 143 Marcow (links); 148 Jean Guichard; 147 Tony Frank (unten); 152 J. Guichard; 154/155 J. Guichard; 158 J. Guichard (oben rechts); Gréard (oben links); O. de Kersauson (unten links); 161 J. Guichard (unten); 162 J. Guichard; 164/165 J. Guichard; 166 D. Pipat (oben); J. Guichard (Mitte); 167 J. Guichard; 169 J. Guichard (links + unten); 181 Alain Noguès; 194 J. Guichard; 195 J. Guichard (Mitte rechts); B. Annebicque (oben rechts); 196 B. Annebicque (oben); J. Guichard (unten); 197 Yves Forestier (Mitte); J. Guichard (unten); 199 J. Guichard (unten); 202 J. Guichard (oben links); 207 Van der Stockt (Nr. 5); 208 Alain Noguès (unten); 219 J. Guichard (unten); 220 S. Cailleux.
Collection Tabarly : S. 10, 11, 12, 13, 14, 15, 16, 17, 19, 21, 22 (unten) 23, 24, 25, 27 (oben + Mitte), 32, 33, 39, 54, 55, 97 (rechts), 134 (Mitte), 146 (Mitte), 153, 197 (Mitte), 199 (oben), 200, 201, 202 (Mitte + unten), 203, 206/207 (Nr. 8, 9, 11).
Alle Rechte vorbehalten : S. 37, 62 (Mitte), 65 (oben), 73, 86 (oben), 87, 105 (unten + rechts), 107 (oben links), 161 (links), 172 (oben).

Danksagung

Der Verlag Editions du Chêne dankt Jacqueline Tabarly, Gérard Petipas und der Société du Pen Duick ebenso wie Daniel Gilles für ihre Unterstützung bei dieser Hommage an Éric Tabarly. Der Verlag dankt weiterhin den Fotografen, der Crew und allen Freunden Éric Tabarlys, die ihre Fotos so bereitwillig zur Verfügung stellten. Schließlich gehören Dank und Anerkennung dem Artdirector Marc Walter und seinen Mitarbeitern Sabine Arqué-Greenberg und Mehdi Lajnef.

Die Deutsche Bibliothek - CIP-Einheitsaufnahme

Eric Tabarly : ein Seglerleben / Jacqueline Tabarly/Daniel Gilles. [Aus dem Franz. von Ingeborg Nöldeke]. - 1. Aufl. - Bielefeld : Delius Klasing, 2000
Einheitssacht.: A Éric <dt.>
ISBN 3-7688-1170-0

1. Auflage
ISBN 3-7688-1170-0

Originaltitel: A Éric
Jacqueline Taberly - Daniel Gilles
Die französische Originalausgabe erschien bei: Éditions du Chêne - Hachette Livre

Gestaltung : Marc Walter/Bela Vista
Printed in Italy 2000

Delius Klasing Verlag, Siekerwall 21, 33602 Bielefeld
Tel.: 0521 / 559-0, Fax: 0521 / 559-113
e-mail: info @ delius-klasing.de
http://www.delius-klasing.de

Dessiné par André
alliage d'alluminium par
Pen-Duick VI est
par la règle de jauge I.O.R
première Whitbread 73-74
enlevèrent tout espoir dans
qui était certainement un d
son époque s'est rattrapé p
en particulier, le triangle d
Rio de Janeiro - Portsmouth
En 1976 bien que
prévu pour naviguer en
barrat en solitaire à son bor
souvenir de course.
Actuellement je lo
à Monsieur Armand ~~Da~~ D
en école de croisière. Malheu
cette activité ne permettent
comme il faudrait